AF257515

L.K 12/280

RÉPONSE

DE M. DUCHILLEAU,

ANCIEN GOUVERNEUR GÉNÉRAL

DE SAINT-DOMINGUE,

A l'article qui le concerne dans la prétendue justification de M. de la Luzerne, Ministre de la Marine, aussi ancien Gouverneur de Saint-Domingue, envoyée, le 18 Juin, au Comité des Rapports de l'Assemblée Nationale.

BIBLIOTHÈQUE ROYALE

A U R O I.

S I R E,

LE compte que je vais rendre *à la Nation*, j'aurois dû, j'ai voulu le rendre à VOTRE MAJESTÉ. La malignité réfléchie qui me fait aujourd'hui de cet éclat une nécessité indispensable, a rendu alors pour moi ce devoir impossible.

La même bouche, la même main, qui m'avoient calomnié dans vos Conseils, dans votre Cabinet, qui avoient minuté & consommé contre moi le plus cruel outrage, la plus violente injustice que l'on puisse faire à un Administrateur irréprochable, celui d'une destitution prononcée sans l'entendre, ont fermé, dans le tems, l'accès de vos Conseils à mes réclamations, & celui de votre cœur à mon innocence. Un ordre absolu du premier Juillet 1789 (quelle date!) m'avoit cassé de mon emploi; un autre du même genre, en Août suivant, (& je dirai encore, quelle date!) ne me permit auprès de VOTRE MAJESTÉ qu'une assistance muette.

Six mois plutôt, une lettre d'*exil*, ou quelque chose de pis peut-être, auroit été le seul accueil fait en votre nom à un Officier général dont le seul crime étoit de n'avoir rien omis pour faire chérir & respecter ce nom, dans le plus précieux peut-être des Départemens de cet Empire.

Les circonstances n'ayant pas permis au Ministre mon ennemi l'usage de *ces anciennes formes*, il a usé du moins du pouvoir qui lui restoit : il a trompé VOTRE MAJESTÉ sur toutes les circonstances de ma conduite ; & traduit enfin lui-même sur la sienne au Tribunal de la Nation, par une Colonie entiere, il n'a oublié, en feignant de se

A 2

juftifier , ni la paffion , ni l'iniquité , avec lefquelles il m'avoit inculpé. Non-feulement il eft convenu d'avoir provoqué ma deftitution ; non-feulement il a prétendu qu'elle avoit des motifs réels qu'il a révélés ; mais il y a joint de nouvelles calomnies.

Il m'a dénoncé à l'*Europe* comme un déferteur qui avoit trahi votre confiance, en abandonnant , dans *des circonftances critiques* , un pofte *militaire* , après m'avoir perdu dans l'efprit de VOTRE MAJESTÉ , comme un Adminiftrateur inepte ou corrompu , qui avoit également violé fes devoirs dans une régie *civile*. Il eft tems , SIRE , que l'Europe appellée à ce jugement célebre , que la Nation remontée au droit de le prononcer , fe déterminent entre M. de la Luzerne & moi.

VOTRE MAJESTÉ ne pourra me blâmer des détails où je vais entrer : j'ai été victime du defpotifme, de l'injuftice de votre Miniftre : je fuis aujourd'hui provoqué par fes calomnies. Puis-je garder le filence ?

Je n'imite point la feinte modération dont il a paru fe piquer en énonçant contre moi les plus humiliantes impoftures ; en accumulant les griefs les plus propres à flétrir mon nom , il affecte la délicateffe dérifoire de ne pas le prononcer ; il ne me défigne que par une lettre initiale , en multipliant avec une odieufe prolixité , les inculpations les plus faites pour ulcérer le cœur d'un homme d'honneur, d'un Citoyen Français.

Pour moi , nourri pendant trente-cinq ans dans les armées , ayant fervi fucceffivement à la tête de deux Régimens , & dans les emplois les plus importans aux Colonies , je n'ai jamais fçu que faire le bien , chercher le vrai , le dire fans ménagement , quand il le faut ; voilà , SIRE , en deux mots , l'abrégé de mes procédés perfonnels & de ma conduite publique ; je vais m'expliquer , en parlant *à la Nation* , avec la même franchife , la même loyauté , que j'ai mifes pendant trente-cinq ans à la fervir.

En mars 1788, le roi m'a fait l'honneur de me nommer au Gouvernement de *Saint-Domingue*, fur la préfentation de M. de la Luzerne. Si l'on en croit aujourd'hui ce miniftre (1), mes erreurs dans l'adminiftration de cette Colonie peuvent être le fruit de *mon ignorance* fur fes vrais intéréts, attendu la briéveté de mon féjour fur les lieux; je n'y ai, dit-il, paffé que *fix mois.*

Il n'a pas fongé que pour avoir le plaifir de me rendre fufpeét d'impéritie, il donnoit au choix du roi, & au fien propre, une apparence de *légéreté*, d'indifcrétion : il feroit en effet difficile de n'en pas voir dans une nomination qui feroit ainfi tombée fur un homme abfolument neuf. M. de la Luzerne malgré la date du tems ou il publioit fon mémoire, a cru fans doute qu'il n'y avoit pas grand danger à laiffer foupçonner le cabinet de *Verfailles*, & lui-même, d'un peu d'infouciance dans la diftribution des grandes places, pourvu qu'il en réfultât un moyen de rendre plus probables mes méprifes fuppofées : mais je le juftifierai ici contre lui-même.

J'ai paffé feulement, il eft vrai, près de fept mois à Saint-Domingue en qualité de Gouverneur général; mais avant d'être revêtu de cette éminente dignité, j'avois employé fix autres mois en 1782, à parcourir toute la partie *françoife* de l'Ifle, à m'inftruire à fond & en détail de tout ce qui en concernoit la régie, & depuis, cette étude avoit continué d'être un de mes principaux objets : mais avant ce voyage d'inftruétion, j'avois été nommé fur le choix provifoire du Conquérant de la *Dominique*, Gouverneur de cette Ifle, après avoir

____

(1) Voyez fon Mémoire, *pag.* 88.

été un des coopérateurs de la conquête; j'avois occupé ce poſte juſqu'en 1782, & par conséquent pendant *cinq années*. (1)

Je n'étois donc rien moins qu'étranger au gouvernement d'une *Colonie*, d'une Iſle de ces parages en général, ni a celui de *Saint-Domingue* en particulier. M. de la Luzerne en dirigeant vers moi la préférence que le roi m'a accordée pour ce dernier emploi, avoit donc de bonnes raiſons pour la propoſer; je crois m'acquitter en prouvant qu'il n'a pas à ſe reprocher d'avoir induit Sa Majeſté en erreur, au moins ſur les *connoiſſances locales* de l'officier qu'elle y élevoit.

A l'inſtant de mon départ d'Europe, à la fin de 1788, l'eſprit de fermentation, d'inſurrection qui commençoit à ſe développer en *France*, devenoit ſenſible dans ſes poſſeſſions éloignées, ſur-tout à *Saint-Domingue*; & rien n'étoit plus naturel, parce qu'il avoit pour cauſe l'excès des mêmes abus de la part des dépoſitaires de l'autorité, & même de plus grands.

M. *de la Luzerne* venoit d'en partir, après avoir géré 19 mois; les plaintes unanimes qui éclatent aujourd'hui contre cette geſtion, m'autoriſent à dire qu'il avoit laiſſé dans l'Iſle un mécontentement univerſel; & ce qui ne pouvoit que le perpétuer, il avoit laiſſé auſſi à la tête de l'Adminiſtration un Intendant que la voix publique accuſoit de toutes les fautes de cette Adminiſtration.

On rendoit aſſez généralement à M. *de la Luzerne* la juſtice de dire qu'il ne ſe méloit de rien; on avoit la malignité de croire qu'il n'en avoit pas le tems; une étude opiniâtre du *grec*, où en effet on aſſure qu'il eſt très-profond, la culture aſſidue d'un *jardin du roi*, créé par lui *au Port-au-Prince*, avec des frais énormes *au compte du roi*, placé par lui dans l'endroit le plus défavorable, dans un ſite aride par lui-

---

(2) Je ne l'avois quitté que pour monter le *Northumberland*, où s'embarquoit partie du Régiment de Viennois que je commandois encore, quoique Maréchal de Camp. J'aſſiſtai ſur ce Vaiſſeau aux deux combats de M. de Graſſe, des 9 & 12 Avril. Le ſuccès trop connu du dernier m'ayant laiſſé ſans occupation, & ramené à Saint-Domingue, je profitai de ce loiſir pour la courſe inſtructive dont je viens de parler.

même, sur un terrein ingrat & pierreux, absorboient tous ses momens; une langue morte, une science assez oisive, une culture puérile ont été pendant 19 mois presque l'unique occupation du Gouverneur général de *Saint-Domingue*, qui m'accuse de n'avoir pas assez bien connu le terrein sur lequel j'ai opéré. L'Intendant dirigeoit despotiquement tout le reste, & dans les opérations qui demandoient le concours du Gouverneur, son nom seul intervenoit.

Arraché à son Xenophon qu'il a traduit, transplanté de la direction de son paisible promenoir à celle des bureaux de Versailles, il n'ignoroit pas la disposition des esprits dans son ancienne résidence : son confident l'en avoit instruit : il lui avoit fait savoir qu'on parloit vivement dans l'Isle d'envoyer des Députés aux Etats-Généraux; mon initiation à mon emploi fut un ordre précis de ne rien obmettre pour prévenir leur nomination, & ma première démarche fut la publication d'une Ordonnance rédigée à mon arrivée dans cet esprit par l'Intendant; l'objet m'en avoit été trop impérieusement recommandé pour que je puisse m'en dispenser (1). L'effet qu'elle produisit me prouva que si M. *de la Luzerne* l'avoit crue utile & praticable, il avoit perdu de vue toutes ses connoissances locales.

Je sentis dès ce moment que *pour faire le bien*, pour répondre aux intentions du Roi, ce n'étoient pas des *volontés* particuèlires qu'il falloit suivre, quand même elles me parviendroient par Versailles, ni à des intérêts cachés qu'il falloit déférer; je sentis que j'étois envoyé pour être le chef de la Colonie, de tous les pouvoirs qui y existoient sans exception, & non pas le second, le signeur Automate de son Intendant.

Dès-lors je pris la résolution ferme, inébranlable de me concerter avec lui sur tous les points utiles où son intervention étoit requise, de condescendre même à ses desirs dans tous ceux où son erreur, ou

---

(1) En paroissant ainsi révéler ce qu'on appelle, en terme *de Bureau*, des secrets de l'Administration, je dois observer que j'en ai demandé la permission à M. *de la Luzerne*, & lui rendre la justice de déclarer qu'il me l'a donnée. Voyez la Lettre du 6 Septembre 1790, N°. 2.

son opiniâtreté ne pourroient entraîner de grands- maux , d'épuiser toutes les voies de douceur, de négociation pour le ramener aux vraies maximes d'une adminiftration auffi importante , & fur - tout auffi éloignée de la Métropole , & enfin d'exercer mes droits, ma prérogative fupérieure dans les cas où fon defpotifme ne lui permettroit pas de fe rendre à la raifon fortifiée de mes inftances.

La nature m'ayant donné un caractere affez énergique, je l'avoue ; incapable de foibleffe fans l'être de ménagement, dans ce qui me paroît jufte, falutaire , étant foutenu par le témoignage de ma confcience, par les applaudiffemens, la gratitude, je ne crains pas de le dire, de toute la Colonie , j'ai fuivi ce plan fans m'en écarter une minute ; & delà, comme on peut le prévoir, eft réfultée entre l'Intendant & moi , une efpece de lutte perpétuelle ; qui a empoifonné pour moi la courte durée de mon adminiftration, qui a rendus infructueux en très-grande partie mes efforts pour le falut de la Colonie, pour la fuppreffion des abus les plus crians ; qui a enfin déterminé mon retour volontaire , mais non *fubit*, ni imprévu en France, devenu dans la bouche de M. de la Luzerne, & dans fon mémoire, l'objet d'une inculpation perfonnelle que je repoufferai après avoir répondu à celles qu'il fait à mon adminiftration.

Mes deux crimes effentiels à fes yeux font deux opérations vigoureufement combattues par l'éternel contradicteur du bien que je projettois ; l'une eft une Ordonnance rendue par moi & par *moi feul*, le 9 Mai 1789, pour ouvrir les ports d'une partie de la Colonie au commerce des *noirs* avec l'étranger; l'autre du 27 du même mois, revêtue également de *mon nom feul*, mais enregiftrée au Confeil comme la précédente , pour les ouvrir tous indiftinctement à l'importation des farines étrangeres.

Ces deux Ordonnances ont été reçues de tout St-Domingue, la premiere comme un bienfait inappréciable pour la partie qu'elle intéreffoit directement ; la feconde comme le feul moyen praticable , comme un expédient rigoureufement néceffaire pour affurer l'exiftence phyfique de la totalité, pour la préferver de la plus affreufe difette,

Il faut voir qui a le mieux jugé, du miniftre prévenu, ou des Colons reconnoiffans.

PREMIER GRIEF DE M. DE LA LUZERNE CONTRE MOI.

Liberté accordée pour cinq ans au commerce des noirs dans la partie du Sud de Saint - Domingue.

J'ai toujours cru que le devoir ftrict, indifpenfable d'un *Gouverneur Général* dans les Ifles, étoit de travailler à la profpérité de fon département ; d'y faire fleurir le commerce ; d'y rendre les loix refpectables, la France chere, les rapports entre la Métropole & la Colonie, précieux, falutaires à l'une comme à l'autre. Tels font les principes qui ont dirigé mon adminiftration *à la Dominique* ; tels font ceux que j'apportai à St-Domingue en y arrivant avec un titre qui devoit, à ce que je penfois, me donner les moyens de les développer. Je voulus avant tout la connoître en détail.

Une de fes parties me parût fur-tout digne de mon attention ; autant ce qu'on appelle *la partie du Nord* eft peuplée, cultivée, florifante par cette culture, par le commerce, par toutes les efpèces d'abondances, autant la partie du *Sud* eft languifante, déferte, défigurée par des friches affligeantes, par une difette générale, par le dénuement des productions naturelles, & des efpèces monnoyées qui en font à la fois le fruit, & à quelques égards la fource. La caufe de cette étrange difproportion c'eft le manque de bras propres à cultiver la terre, à vivifier les atteliers.

Sans entrer dans la grande queftion agitée plus indifcrettement que philofophiquement peut-être, de la juftice, ou de l'iniquité, de l'efclavage *des Négres*, il eft fûr que, jufqu'ici du moins, c'eft la multiplicité de ces agens de l'agriculture en *Amérique*, qui décide aux *Ifles* de leur profpérité ou de leur infortune. Or, la même politique qui donnoit des patentes d'efclaves aux chefs que *la métropole* expédioit pour aller diriger les Colons, foumettoit le commerce actif &

paffif de ceux-ci, les importations & les exportations des Ifles aux feuls négocians de la métropole.

On leur avoit affuré le privilège *exclufif d'importer les noirs*, provocateurs directs, indifpenfables de l'abondance, & d'exporter les denrées arrachées à ces terres arrofées de leur fueur ; les *noirs* étoient des agens que les négocians de nos ports prêtoient aux colons ; & ceux-ci étoient plutôt les infpecteurs fubordonnés de ces atteliers tributaires d'une avidité infatiable, que des propriétaires indépendans, membres, & citoyens d'un même empire.

Malgré ces entraves, la partie du Nord préférée par le commerce *de France* parce que les bénéfices des retours font énormes, floriffoit ; mais celle *du Sud* étoit complettement dédaignée, abandonnée. On peut juger de cet abandon d'après le tableau comparatif du commerce fait aux *Cayes*, par les François, & par les autres nations.

En cinq ans, depuis 1785 jufqu'en 1789, les premiers ont à peine apporté dans ce département le poids de 5000 tonneaux en toute efpèce de marchandifes, & les *Américains* feuls y en ont introduit plus de 37,000. Les étrangers étoient donc vraiment les feuls nourriciers de cette partie malheureufe de nos poffeffions. Nos armateurs ne vouloient pas fe défaifir du privilège *exclufif* d'y débarquer des noirs, quoiqu'ils tinffent ftrictement à la maintenue de ce privilège.

Leur oubli, la pénurie qui en réfultoit fut au point, en 1786, qu'un arrêt du Confeil effaya d'encourager cette importation, en y attachant une prime de 200 liv. pour chaque noir importé jufqu'au premier Août 1789. Cette libéralité n'avoit produit en deux ans que 11,629 Cultivateurs, nombre à peine capable de remplacer celui qu'une mortalité inévitable dans ces climats enlève chaque année. Ainfi, ce fupplément, à-peu-près inutile, avoit coûté au tréfor public plus de TROIS MILLIONS, fans remédier à la détreffe dévorante des colons. Il ne leur fourniffoit de foulagement ni fur le nombre, ni fur la valeur. Cette recrue imperceptible leur revenoit à DEUX MILLE DEUX CENS LIVRES PAR TÊTE, fans diftinction d'âge, indépendamment *de la prime.*

Dans ces circonftances, le gouvernement efpagnol, long-tems

fubordonné, comme le nôtre, aux principes prohibitifs , y dérogea formellement, fur - tout dans cette partie. Une cédule *royale* du 28 Février 1789, permit à tous les étrangers d'importer des Noirs , c'eft-à-dire des inftrumens de la culture, dans les ifles de *Portorico*, de *Cuba*, de St.-Domingue, & à Caraque ; cette condefcendance, ou cette politique, me parut une raifon décifive d'imiter au plutôt un exemple que nous aurions dû donner.

Par la nature même des propriétés des deux peuples dans notre Isle, nous avions deux effets à craindre du changement de maximes dans notre voifinage : l'un, de ne pouvoir plus nous procurer des Noirs que par la médiation des *Efpagnols* mêmes , & par conféquent d'en voir encore renchérir le prix ; l'autre, d'être témoins de l'accroiffement de leurs cultures, qui n'auroient pas tardé à prendre fur les nôtres une fupériorité infurmontable.

Vivement frappé de cette confidération, après avoir bien confulté, bien réfléchi fur l'importance, fur la néceffité de la loi que j'allois promulguer ; après avoir épuifé tous les moyens de conciliation pour les faire goûter à M. *de Marbois* ; après avoir recueilli les avis , les fuffrages, les cenfures même de tout ce qu'il y avoit de plus éclairé dans la Colonie, je me décidai à donner SEUL , au refus invincible de *l'Intendant*, l'ordonnance dont il s'agit.

Les deux points effentiels , les deux nouveautés fcandaleufes pour les bureaux de *Verfailles* & les négocians de nos ports, mais applaudies dans toute l'Ifle, furent la permiffion de recevoir des NEGRES des commerçans étrangers, & de les payer en denrées provenues du fol même qu'ils alloient fertilifer. L'une de ces deux permiffions auroit été dérifoire fans l'autre. La partie du Sud manquoit d'argent comme de moyens pour s'en procurer : pour la mettre en état d'acquérir des aides à fa culture, il falloit donc en appliquer les foibles produits à cette acquifition.

Du refte, je pris dans mon innovation toutes les mefures poffibles pour conferver, pour augmenter au profit du fifc les bénéfices qui réfultoient de l'ancien régime , pour ménager même de fes formes ce qu'on pouvoit en tolérer. C'étoit un tribut payé à l'habitude, à la crainte de révolter trop fortement les agens de ce fifc , de donner trop d'ennemis au bien que je voulois faire.

La loi qui devoit le produire , le confeil l'enregiftra avec une joie inexprimable ; la chambre d'agriculture du Cap m'en fit des remercî-mens folemnels confignés dans fes regiftres (1). On alloit recevoir des agriculteurs ; on ne les auroit plus payés que 1500 livres, argent des Ifles, (1000 liv. de France); l'état fe feroit trouvé libéré d'une lar-geffe infructueufe, comme les Colons d'une vexation arbitraire.

Je ne puis mieux terminer cette difcuffion, ou plutôt ce récit, que par la fin de la lettre que j'écrivis à M. de la Luzerne, en lui annon-çant mon opération ; après le détail des avantages qu'elle ne pouvoit manquer de produire, j'ajoutois :

« Je prévois l'objection qui va m'être faite. Je devois vous de-
» mander, Monfeigneur, votre avis, & les ordres du Roi, avant de
» publier mon Ordonnance, & avant de la faire mettre à exécution.
» Il eft vrai que mes inftructions me tracent cette conduite ; mais j'ai
» craint qu'en m'y conformant , vous n'adoptaffiez pas mon Projet ;
» que le Confeil du Roi lui-même, fi vous le lui aviez foumis, l'eut
« rejetté ; que les réclamations du Commerce de France euffent pré :
» valu ; que les obfervations d'un feul Député de la Colonie pour
» prouver fon utilité (2), euffent refté fans effet. J'ai cru qu'en pre-
» nant un parti décifif, je vous forcerois de le maintenir, & c'eft malgré
» vous, j'ofe le dire, que j'ai voulu vous faire opérer ce grand bien. »

« Veuillez , Monfeigneur, approuver mon Ordonnance. Je fuis
» perfuadé que fi le Miniftre de SA MAJESTÉ me blâme, M. le Comte
» de la Luzerne louera mon zèle. L'utilité de cette introduction eft re-
» connue depuis fort long-tems ; elle a été foumife à l'examen de vos
» Prédéceffeurs qui l'ont goûtée ; mais qui, entraînés par les clameurs
» du Commerce ne l'ont pas adoptée.

« Si les Adminiftrateurs de Saint-Domingue qui nous ont précédés
» vous & moi, euffent fait cette opération, il y a long-tems que la
» partie du Sud feroit comme celle de l'Oueft & du Nord ; il y a

____

(1) Voyez Pieces Juftificatives , nᵒˢ 4 & 5.

(2) Saint-Domingue n'avoit alors qu'un feul Député en France.

» long-tems qu'elle produiroit au Roi de grands revenus, & qu'elle
» fourniroit au Commerce National des fpéculations plus étendues.

« Je vais écrire & envoyer copie de mon Ordonnance à tous les
» Gouvernemens des Ifles Etrangeres du Vent, & fous le Vent : je
» vais même prier celui de la Jamaïque d'en faire part au Commerce
» d'Angleterre.

« Le vœu unanime des Habitans de la partie du Sud fur cette in-
» troduction, & l'intime confiance où je fuis qu'elle opérera un grand
» bien ; que le Commerce National ne fera pour un tems que ceffer
» fes opérations, pour leur donner enfuite plus d'activité & de con-
» fiftance ; tous ces motifs m'ont fait faifir cette occafion de donner
» au Roi, aux Habitans de cette partie, & au Commerce même,
» une preuve de mon zèle. J'attends avec fécurité les événemens qui
» en réfulteront, *quoique je ne me diffimule pas que ce foit une ba-*
» *taille gagnée contre l'ordre de ne la pas donner* ».
Je fuis, &c.

Signé, DU CHILLEAU.

Veut-on favoir de quel œil cette victoire fut regardée par les bureaux de la marine, veut-on connoître la réponfe que fit M. de la
Luzerne à la dépêche qui en contenoit la nouvelle & l'apologie ?
Voici fes propres termes, page 94 de fon mémoire : « C'eft cette
» ordonnance dont les fuites me parurent d'une telle importance,
» que je montai chez le roi, *à l'inftant même*, pour lui en faire
» part. Sa Majefté m'ordonna d'en conférer le foir avec les autres
» miniftres, & de préparer mon rapport pour le confeil d'état qui
» devoit être tenu le lendemain ».

« Le rappel de M. le marquis du C.... y fut arrêté le 28 Juin. »
Voilà donc un point bien formel, un aveu décifif de M. de la
Luzerne ; c'eft que c'eft lui qui a provoqué ma deftitution ; c'eft
qu'entre la réception de ma dépêche & l'explofion miniftérielle contre
mon honneur, il n'y a pas eu d'intervalle : M. de la Luzerne courut
à l'inftant même chez le roi le 27, & le 28 je n'étois *plus gouverneur.*

Je laiffe à la fagacité de mes juges les réflexions fans nombre qui
fe préfentent fans doute à leur efprit, fur la promptitude fans exemple

d'un châtiment motivé par un pareil crime, sur la condamnation d'un administrateur , de qui le ministre recevoit de quinze cens lieues une lettre semblable à celle dont on vient de lire une partie; sur le peu d'importance qu'attachoit M. de la Luzerne pour opérer un pareil changement dans la colonie , aux *circonstances critiques* par lesquelles il me fait un délit de n'avoir pas été retenu quand j'en suis parti ; ces circonstances ne font rien à ses yeux quand il faut m'expulser avec ignominie ; elles deviennent le motif des reproches les plus sanglans quand elles peuvent contribuer à colorer cette expulsion.

Deuxième grief de M. de la Luzerne.

Mon ordonnance portant permission d'importer à Saint-Domingue des farines étrangères.

Je continuerai à faire à M. de la Luzerne plus d'honneur qu'il n'en . . . . désire lui-même : il veut persuader au public que la facilité pour l'introduction des noirs motivée comme on l'a vu, fut la véritable, fut la seule cause de ma disgrace, de l'empressement furieux avec lequel il provoqua l'orage de cabinet qui consomma en une minute ma dégradation : moi, je soupçonne que ce prétexte n'en fut que le préparatif : l'ordonnance du 9 Mai n'étoit qu'un bien-fait, qu'un plan d'amélioration : mon véritable crime, à Versailles, fut un service bien autrement important rendu à la Colonie. Au commencement de ce mois je n'avois voulu qu'en accroître la prospérité; à la fin je devins coupable pour avoir osé la sauver toute entiere.

Le même régime qui repousse de ces côtes réputées françoises , tout autre secours pour l'agriculture que ceux qui lui font vendus au prix le plus énorme par des armateurs aussi réputés françois , en interdit également l'abord à tous navires qui voudroient y introduire des farines non-expédiées par nos négocians. La loi a voulu que les Colons, sur leurs subsistances phisiques, fussent subordonnés à l'exactitude, à la vigilance, aux spéculations intéressées des armateurs de nos ports.

Dans les tems d'abondance , ce régime est tolérable : sans préserver toujours de la cherté, du moins il ne produit pas la disette : mais on n'a pas oublié sans doute la situation où s'est trouvée la France

elle-même dans les premiers mois de l'année dernière. Dans le tems
où une fermentation terrible allumoit tous les esprits, un hiver cruel
tuoit, ou retardoit toutes les productions, dont l'état politique des
affaires empêchoit d'ailleurs la circulation & l'approvisionnement. Le
gouvernement, au sein de la métropole, cherchoit, achetoit, on
peut dire mandioit de toutes parts des secours. Dans de pareilles
conjonctures peut on présumer que ce fût de nos ports que seroient
parties des subsistances pour nos Isles?

Aussi furent-elles absolument négligées. M. de la Luzerne ose con-
tredire ce fait dans son mémoire ; il produit des états que je n'ai
ni le tems ni l'intérêt de discuter : ces états fournis par les villes
de commerce à ses bureaux, sont justement suspects : ceux d'après
lesquels j'ai opéré ont été dressés, garantis *sur les lieux* ; ils sont cau-
tionnés par des procès-verbaux solemnels, qui ne peuvent être atta-
qués qu'en faisant le procès à ceux qui les ont dressés & signés, ce
que le ministre n'a pas même osé imaginer. Or il en résulte que dans
les six premiers mois de 1788, St.-Domingue avoit reçu & consommé 36,770 barils de farine ; & que dans le même espace de tems
il n'en étoit entré, en 1789, que 9126 barils.

Je n'entrerai pas ici dans la discussion philosophique, ou politique,
de la nécessité, ou de la non-nécessité de cet aliment dans nos Isles.
Les négocians de nos ports ont prétendu qu'il y étoit presque *superflu* :
en ce cas ils devroient attacher bien peu d'importance au droit exclu-
sif de les en approvisionner. Les députés de la Colonie ont répondu
avec autant de solidité que d'énergie à ces raisonnemens intéressés.
Un fait incontestable c'est qu'il se consommoit une quantité considérable de farines à St.-Domingue, comme on le voit par l'état de
ce qui en avoit été apporté en 1788 : c'est que la diminution des trois
quarts de cet approvisionnement, en 1789, avoit produit le renché-
rissement, premier effet de la disette, & alloit nécessiter le second
qui en est inséparable, la famine.

Il n'y avoit point de secours à attendre de la métropole : il ne restoit qu'une ressource, celle d'ouvrir les ports au commerce étranger,
à l'intérêt, si l'on veut, de nos rivaux ; cet intérêt, dans de pareilles
conjonctures, devenoit notre salut. La vérité de ce principe étoit si

fenfible que , pour cette fois , l'Intendant voulut bien s'y rendre. Par une premiere ordonnance rendüe entre nous de concert , en date du premier Avril , cette introduction fut permife pour *trois mois*.

Pour ceux qui réfléchiront à ce que c'eſt que le commerce *de mer*, au tems qui eſt néceſſaire d'abord pour inſtruire les négocians de la terre-ferme à une diſtance pareille à celle où en eſt St. Domingue , enfuite pour faire leurs fpéculations , puis pour les tranſports fouvent contrariés par l'agent qui en eſt le feul véhicule , cet efpace paroîtra trop refferré ; & en effet le terme alloit expirer avant qu'on s'apperçût du foulagement attendu de notre condefcendance. Les approviſion-nemens s'approchoient ; mais la difette régnoit déja fur les lieux.

On pourra en juger par ces faits précis. En Juin 1789 , malgré le parti que j'avois pris , comme on va le voir , il n'exiſtoit au Cap que 688 barils de farine ; ce diſtrict en confomme 110 à 120 par jour : il n'avoit donc que pour fix jours de fubfiſtances. Aux Cayes (partie du Sud) il n'en reſtoit que QUATRE , au fort Dauphin trente - trois , au quartier S. Louis PAS UN.

J'étois inſtruit de ces détails : mon cœur étoit déchiré. J'efpérois que M. de Marbois partageroit ma follicitude ; je lui propofois de proroger l'Ordonnance du premier Avril , d'y donner plus d'ex-tention , de multiplier les abords des navires nourriciers , d'autorifer les Colons également dénués de pain & d'argent , mais furchargés de fucre , d'indigo , de café , à payer les alimens néceſſaires par l'échange de ces denrées de luxe.

La circonſtance étoit critique , le befoin urgent. Depuis fix mois je fatiguois M. de la Luzerne de mes avis , de mes demandes , de mes déclarations que la colonie étoit menaoée de la famine. J'avois redou-blé mes inſtances depuis le premier Avril , parce que le danger deve-noit journellement plus effrayant. Que répondoit M. de la Luzerne? Rien ; au moins à moi (1).

Si M. de Marbois en recevoit des lettres , il n'en parloit pas , &

---

(1) Il ne lifoit pas même mes dépêches : on en verra la preuve dans fa lettre du 6 Septembre 1789 , numéro 2 des Pieces Juſtificatives.

ce qui paroîtra inconcevable, il argumentoit de ce filence opiniâtre du Miniftre éloigné, pour combattre opiniâtrement la néceffité de prendre un parti fur les lieux ; « puifque M. de la Luzerne ne parle pas, difoit-il, » c'eft un figne qu'il agit : au premier moment nous verrons arriver » des convois nombreux : il n'eft queftion que d'attendre ».

Un pareil démélé fur une pareille matière, dont il étoit impoffible de cacher aux Colons la caufe & les détails, augmentoit la terreur dans la colonie, & produifoit par avance les effets de la difette. Ma correfpondance dans ce moment critique, & avec le filencieux Minif-tre, & avec le flégmatique Intendant, eft imprimée : elle a été remife l'année dernière à MM. les Députés de Saint-Domingue, d'après la demande de M. le Préfident de l'Affemblée Nationale, le 21 Septembre 1789 ; je fupplie mes juges de s'en faire rendre compte ; ils ne feront pas embarraffés à fe décider entre mes accufateurs & moi.

Nous touchions à la fin de mai. Chaque jour abforboit le peu de fubfiftances que la permiffion du premier Avril nous avoit procurées de l'étranger. Défefpéré du défefpoir dont j'appercevois au tour de moi des indices & des dénonciations effrayantes qui m'arrivoient de toutes parts, je fis ce que j'ai déja dit que je croyois être un de mes devoirs. Je me mis, en *confidération de la néceffité urgente*, au-deffus d'un régime qui n'avoit pu la prévoir ; je rédigeai le projet d'une nouvelle Ordonnance qui appelloit des farines de tous les lieux où l'on auroit le pouvoir & la volonté de nous en apporter. J'autorifai les Colons affamés à les payer de toutes les valeurs qu'ils auroient en leur pof-feffion ; & par un excès de condefcendance j'envoyai ce projet à M. de Marbois, le 26 mai, avec une lettre pleine d'honnêteté. Elle eft impri-mée dans le recueil que je viens de citer, page 25 ; il me répondit en ces termes :

» J'ai l'honneur monfieur le Marquis, de vous renvoyer le projet » d'Ordonnance que vous m'avez propofé. Son effet feroit d'introduire » les étrangers dans les différens ports de la Colonie, & de leur per-» mettre l'extraction de toutes les denrées coloniales. Les loix de Sa » Majefté, les inftructions, les ordres qu'elle m'a donnés, & nombre de

C

» lettres de ſes miniſtres ne me permettent pas *de concourir à cette opé-*
» *ration*; j'aurois pu me joindre à vous pour permettre l'introduction
» des farines au-delà du terme fixé par notre Ordonnance du 31 Mars
» dernier, mais il m'eſt interdit d'annexer à cette permiſſion les diffé-
» rentes diſpoſitions que vous me propoſés ».

Alors je ne crus plus être aſtreint à aucun ménagement. Le lendemain
27, je rendis SEUL l'Ordonnance dont j'ai parlé, qui prorogeoit pour
trois mois celle du premier Avril, qui permettoit les marchés entre les
acheteurs & les vendeur, d'après les facultés reſpectives, & non d'après
les loix prohibitives qui auroient été un obſtaele invîncible.

Cette heureuſe audace a été le ſalut de la Colonie : j'oſe le déclarer : MM. les Députés ſont ici les organes de cinq cens mille voix
reconnoiſſantes, qui s'élèvent à St.-Domingue pour l'atteſter. M. de
la Luzerne s'efforce de le nier : à l'entendre, c'eſt lui qui a tout
ſauvé; c'eſt lui qui nous a envoyé des farines, lui qui ne nous expédioit pas même de lettres, lui qui a été avare envers nous mêmes
de ces promeſſes illuſoires que les Miniſtres ſavent ſi bien prodiguer;
lui qui, en me puniſſant d'un ſervice inappréciable rendu à la France,
puiſque je lui ai par là ſauvé une partie de ſes poſſeſſions qu'elle
ne pouvoit ſecourir, m'a fourni la preuve la plus frappante de l'utilité, de la néceſſité de mon opération.

Il a fait *caſſer* mon Ordonnance par un arrêt du conſeil, & il s'en glorifie;
mais ſeulement *pour l'exemple* (1), & il s'eſt bien gardé dela *révoquer*; il
avoue qu'il combina l'expédition de l'arrêt déſapprobateur, de maniere qu'il ne pût être connu à St.-Domingue que quand le terme
marqué par la loi étant expiré, elle ſe trouveroit elle-même ſans effet (2).
Ainſi proſcrite en Europe, cette loi ſalutaire continua donc de nourrir la Colonie. Le Miniſtre qui ne rougiſſoit pas de la flétrir à Verſailles, étoit obligé de la reſpecter en Amérique. Il n'y a pas de

---

(1) Voyez le Nº 2 des Pieces Juſtificatives, page 30.
(2) Voyez le Mémoire, *pag.* 92.

milieu : fi en la promulguant je fuis devenu coupable, M. de la Luzerne, en veillant à ce qu'elle fût exécutée, s'eft rendu mon complice.

Il auroit été plus encore, puifqu'à une faute commune il auroit joint la plus honteufe duplicité. Sa bouche auroit préfenté comme dange-reux, fa main auroit annullé comme criminel, un règlement dont fon cœur ratifioit les difpofitions. Cette contrariété entre leurs actions & leur confcience a pu être familiere aux Miniftres de l'ancien régime; mais le tems femble venu de les en corriger.

Si l'on en croit M. *de la Luzerne*, ce grief n'a point influé fur ma difgrace. Elle étoit réfolue, confommée le 28 Juin, d'après la feule condefcendance en faveur des *Noirs*; & celle qui concernoit les farines n'a fait que la légitimer : il prétend même qu'il n'a pu en avoir de nouvelles que vers la mi-Juillet; il fait à ce fujet des calculs fur le tems néceffaire à la traverfée, qui prouvent combien, tout Miniftre qu'il eft, & malgré fa fermeté apparente, il voudroit avoir ce repro-che de moins à fe faire.

Mais il eft certain, quoiqu'il en dife, qu'en été fur-tout le paffage de Saint-Domingue en France fe fait fouvent en vingt-huit, en vingt-fept, quelquefois en vingt-fix jours. Je crois même, fans l'affurer, ce qui feroit facile à vérifier, que ma dépêche fut confiée à un paquebot du Roi, qui avoit apporté des Indes orientales à notre Ifle des objets plus du goût du Miniftre, des plantes rares, des arbuftes exotiques; & ce bâtiment n'a mis en effet que vingt-fix jours à fa traverfée : fi c'eft lui qui a tranfmis mon paquet en France, il a mis à la voile la nuit du 29 au 30 Mai 1789. Il auroit donc été au port le 25 Juin. En moins de trois jours le courier chargé de mes paquets a pu être rendu à Verfailles, & par conféquent le Miniftre le recevoir le 28. Ex-péditif comme il l'étoit de fon aveu, quand il s'agiffoit de me nuire, il a pu, avec cette nouvelle arme, monter à *l'inftant même chez le Roi*.

A préfent qu'il a intérêt d'avancer les dattes, comme il prolonge les traverfées, il prétend que ma deftitution a été prononcée le 28 Juin. Cependant l'ordre qui la confomme n'eft que du premier Juillet. Ce font donc quatre jours de plus qu'il auroit eu pour manœuvrer,

pour préfenter au Confeil mon hardieffe du 27 Mai , comme une ré-
cidive de mon infubordination du 9 ; pour commenter publiquement
les textes fecrets dont on l'avoit fans doute armé ; pour me décrier
dans l'efprit du roi comme un adminiftrateur *inepte* , pour m'écarter
de fon cœur comme un chef *rébelle* qui abufoit de fes pouvoirs ;
enfin pour donner au manège qui avoit préparé ma perte , une
apparence d'équité *politique* qui prévint les remords du prince , &
éteignit fes bontés , fon eftime pour un ancien officier qui avoit pafté
fa vie à les juftifier.

Peu importe au refte le prétexte dont s'eft fervi mon calomnia-
teur pour perdre dans les cabinets de Verfailles le bienfaiteur , le
fauveur de Saint-Domingue ! Le fait conftant eft qu'il l'a perdu , &
que les crimes dont il ne lui a pas permis de fe défendre , n'ont
été que des fervices rendus à *la Nation* , au *Roi* , par l'infraction apparente d'une loi qui compromettoit l'exiftence de toute une Colonie.

Qu'ai-je fait après tout à Saint-Domingue , que ce que faifoit , en
ce moment-là même , le Miniftère de France ? Tremblant d'une difette
bien moins réelle que la notre , il ouvroit aux étrangers tous les ports
nationaux : il accordoit , il payoit des *primes*. L'Europe étoit cou-
verte de fes émiffaires qui follicitoient de toutes parts des fecours ,
en prodiguant l'argent. Dans un compte rendu par un Miniftre qui
avoit alors ce département (1), on voit plus de *vingt millions* dé-
penfés pour affurer des fournitures , dont la plupart n'étoient point
effectuées long-tems après que le prix en avoit été payé.

La fimple permiffion donnée pour *trois mois* à ces étrangers de
nous nourrir auffi à St.-Domingue , à nos dépens , étoit elle donc pour
le commerce de France , qui ne pouvoit s'acquitter de ce devoir ,
une charge plus onéreufe que ces frais énormes pour le peuple français ? Falloit-il attendre de la métropole à 1500 lieues , une fubfiftance
qu'elle-même étoit obligée d'implorer de fes voifins , en prodiguant
les prieres , les démarches & les tréfors ?

----

(1) M. Necker.

Troisième Grief de M. de la Luzerne.

Mon départ de Saint-Domingue AVANT QUE D'AVOIR ÉTÉ RE-LEVÉ , est-il repréhensible? M. de la Luzerne pouvoit - il , devoit-il m'en faire un crime dans son Mémoire imprimé.

Ce départ n'est entré pour rien dans la résolution aussi violente que subite, prise contre moi par le conseil , à la réquisition de M. de la Luzerne ; il a eu lieu le 10 Juillet 1789, & c'est le premier de ce mois qu'on me frappoit, qu'on me dépouilloit à Versailles. Pourquoi donc m'en faire un crime aux yeux de la Nation en Juin 1790? La noblesse héréditaire est détruite ; mais les sentimens d'honneur, les procédés que la noblesse de l'ame prescrit , ne le sont pas. Or, dans ce même mois de Juin 1790, le deux, M. de la Luzerne m'a écrit qu'il publioit un mémoire , qu'il alloit se justifier , qu'il seroit forcé de parler de moi, mais qu'il rempliroit *comme un homme d'honneur* la tâche pénible qui lui étoit imposée sur mon compte.

Pour remplir cette promesse, il semble qu'il falloit ou laisser dans le silence ce départ inutile à rappeller, puisqu'il étoit absolument inutile pour l'éclaircissement de tout ce qui l'avoit précédé , ou en dis-cuter les causes, dont dix lettres de moi à M. de la Luzerne contiennent l'énumération, la justification ; il falloit sur-tout ne pas l'aggraver avec une malignité réfléchie.

En Juillet 1789 , on m'avoit injustement dégradé de mon emploi ; il ne falloit pas, en Juin 1790, dénaturer cet emploi même , dans l'espérance de faire paroître plus sérieux le prétendu délit d'en avoir un moment interrompu les fonctions. A en croire M. de la Luzerne, le gouvernement général de St. - Domingue est un commandement purement *militaire* ; en me déterminant à m'y faire remplacer pour un moment , avant que d'avoir *moi-même été relevé* de France, j'ai violé les *loix militaires*.

Cette affectation je le répète, est une méchanceté réfléchie & astu-cieuse : elle a pour objet d'essayer de légitimer une destitution arbitraire, en affimilant, non pas le délit, mais la perfonne qu'elle puniffait, à un *déferteur*. Le Miniftre par là s'eft flatté d'induire le public en erreur, de lui faire confondre les objets, de lui perfuader plus facilement qu'on ne m'avoit d'un côté fait aucun tort en m'enlevant un pofte que j'avois abandonné de moi-même, que de l'autre on n'avoit fait que fuivre les loix rigoureufes de la guerre qui deftituent avec raifon un chef capable de s'abfenter fans ordre du pofte qui lui eft confié, comme une fentinelle qui manque à fa faction.

Mais eft-ce de bonne foi qu'un Miniftre de la marine de France, un ancien gouverneur de Saint-Domingue, a commis cette méprife? L'officier honoré de cet emploi, & tous ceux qui en occupent de pareils dans les Colonies font autant chefs du *civil* que des *armes*. Ils font juges; ils font légiflateurs; ils fiègent, ils préfident dans les Tribunaux; ils prononcent, ils fignent les *fentences* comme ils expédient des *ordres*.

Je n'examine pas fi cette réunion de pouvoirs eft défectueufe; j'obferve feulement qu'elle exifte aux Ifles; que peut-être elle y eft néceffaire; que tant qu'elle ne fera pas revoquée formellement, elle fera le caractère de ces fortes de places. Il ne faut donc pas en affimiler les titulaires à des commandant de garnifons, à des colonels, à des généraux d'armées, qui ne peuvent fans une autorifation précife fe déporter un moment de l'exercice des fonctions actives & *uniques* qui leur font confiées; ce point eft effentiel à établir & à faifir.

Qu'à donc pu avoir de criminel mon paffage *en France?* Les circonftances étoient critiques. Eh bien, c'eft précifément ce qui le néceffitoit & qui le juftifie! La plus critique de toutes, c'étoit la difpofition des efprits dans la Colonie, c'étoit la défunion ouverte, fcandaleufe, devenue déformais incurable entre les deux Adminiftrateurs en chef, entre l'Intendant & moi, défunion dont il s'en faut bien que j'aie feulement donné une idée.

Il n'y avoit point de jour où nous ne nous trouvaffions en oppofition directe de principes, d'actions, de jugemens, & par malheur pour lui ou pour moi, ce qu'il foutenoit avec opiniâtreté, c'étoient toujours des opérations utiles au fifc feul, nuifibles à la co-

Ionie en général , ou aux particuliers, réprouvées hautement par la voix publique : ce que je faifois prévaloir avec fermeté, c'étoient des actes ou de juftice rigoureufe, ou d'humanité confolante qui faifoient chérir le pouvoir, & j'ofe le dire, infpiroient quelque attachement pour la perfonne du Gouverneur.

Ainfi, l'Intendant maintenoit, favorifoit ce qu'on appelle aux Ifles des *réunions* , vrai fléau de la propriété , terreur des Colonies, qui fous prétexte d'un ancien droit *domanial* , dépouillent arbitrairement des poffeffeurs de bonne-foi, détruifent une jouiffance fouvent légitimée par plufieurs générations , fouvent fondée fur les contrats les plus folemnels, mais défectueux aux yeux de la chicane qui ne manque jamais de prétextes pour ufurper, quand elle trouve des juges difpofés à la feconder. Cette vexation m'indigna, je la réprimai, on refpira un moment ; mais après mon départ, la digue qui garantiffoit les propriétés n'étant plus foutenue par la main qui l'avoit conftruite, fut bientôt renverfée : on ne tarda pas à *réunir*, c'eft-à-dire, à envahir comme auparavant (1).

Ainfi , des promeffes illufoires de fortune, la perfpective d'être employées utilement, fructueufement, avoit attiré à Saint-Domingue vingt-trois familles allemandes, compofant cent quarante-fept perfonnes libres : je les trouvai fans emploi, fans travail, fans reffources, dans un pays dont ils ignoroient la langue, où ils étoient ainfi doublement étrangers.

J'y trouvai auffi un terrein qu'on appelloit la *Ferme du Roi* : il produifoit au fifc 2200 liv. de revenu (argent des Colonies, 1500 liv. de France). J'y établis, malgré de vives oppofitions (on fe doute de qui) ces infortunés : (2) ils m'en bénirent, ils euffent cultivé, ils euffent vécu : ils me pleurent aujourd'hui, (s'ils ne font pas éteints dans la mifère) : ma deftitution a été fuivie de leur expulfion.

Ainfi, *au Cap*, au fort *Dauphin*, les chefs militaires étoient relégués dans des maifons bourgeoifes ; & des officiers de plume de la

---

(1) Voyez les Pieces Juftific.   (2) Ibid.

marine occupoient des logemens dont le nom feul indiquoit la deſ-
tination : c'étoit au Cap l'hôtel du Gouvernement, au fort Dauphin
la maiſon du roi. J'y inſtallai, non pas ſans une contradiction préalable, le Commandant pour le Roi, de chacune de ces deux places.

Ainſi, pour faire le bien en tout & par-tout, il me falloit deux
opérations, d'abord le découvrir, l'ordonner & enfuite en forcer l'exécution. C'eſt en ce ſens que mon Gouvernement devenoit, comme le
dit M. de la Luzerne, un emploi vraiment militaire.

Les deux Ordonnances de Mai portèrent à leur comble cette di-
viſion funeſte ; la circonſtance qu'elles n'avoient d'autre ſignature que
la mienne, indiquant que mon cœur étoit la vraie ſource d'où elles
partoient, avoit rendues plus vives la gratitude & la ſenſibilité des
Colons. Elles ſe manifeſtoient par des démonſtrations qui ne pouvoient
qu'ulcérer ceux qui en avoient déſapprouvé la cauſe. Je ne ſerai pas
démenti à cet égard, puiſque des preuves de toute eſpèce de ce fait,
c'eſt-à-dire, de la reconnoiſſance univerſelle des colons, ſont déjà publi-
ques, puiſqu'il doit en exiſter une dans les bureaux de M. *de la Luzerne*,
d'autant plus authentique, qu'elle a eu lieu depuis mon départ ; qu'elle
étoit, ou devoit être abſolument ſecrette, qu'aucun motif n'a pu ſéduire
ceux qui l'ont donnée, & que mille motifs au contraire devoient les en
détourner, s'ils n'avoient pas eu tout-à-la fois la certitude qu'ils rendoient
un témoignage à la vérité, & des cœurs incapables de la trahir (1).

---

(1) *Voyez* le rapport fait le 21 Septembre 1789, au Miniſtre (M. de la Luzerne),
par la Chambre d'Agriculture du Cap, de l'*Adminiſtration de M. Duchilleau,
comme Gouverneur-Général de Saint-Domingue* ; on la trouvera aux Pieces juſtificatives de ce Mémoire.

Au départ de tous les Gouverneurs & Intendans, cette Chambre eſt obligée, par une
Ordonnance du 24 Mars 1763, de faire au Miniſtre *régnant* un rapport de cette eſpece qui reſte *ſecret*. Il porte ſur le *caractere*, les *talens*, les *vues*, la *probité* des
ci-devant Adminiſtrateurs, & le BIEN & le MAL produit par leur Adminiſtration.
C'eſt une eſpece d'inquiſition poſthume qui peut avoir plus d'avantages que d'incon-
veniens. La flatterie ne peut y entrer pour rien : elle eſt propre à donner des indi-

Depuis

Depuis ce moment, ce qui n'avoit été entre l'Intendant & moi qu'une lutte d'opinions, eſt devenue une guerre décidée, ſcanda-leuſe, comme je l'ai dit, & qui ne nous permettoit plus, comme je n'ai ceſſé de l'écrire à M. de la Luzerne, d'adminiſtrer enſemble.

Le Miniſtre, en le ſuppoſant impartial, auroit du être allarmé de cet état des choſes. Il en étoit inſtruit jour par jour par ma cor-reſpondance, & probablement par celle de M. de Marbois : nous demandions tous deux notre rappel, ou un divorce devenu inévi-table, néceſſaire au bien public ; il auroit dû l'accorder au moins à l'un des deux : antérieurement à *ſa courſe accélérée chez le Roi*, du 27 Juin, je lui en avois déja fait la propoſition : il auroit donc pu paroître déférer à mes inſtances, à cet égard, s'il n'avoit pas eu une intention réfléchie, déterminée, de compromettre mon honneur, ou à celles de l'Intendant, s'il n'avoit voulu qu'aſſurer le bien du ſervice.

---

cations ſûres & précieuſes au Gouvernement obligé de régir de 1500 lieues par des intermédiaires, un pays que lui-même ne peut gueres connoître.

Les Adminiſtrateurs qui reçoivent des éloges dans cette ventilation faite à leur inſu de toutes leurs qualités morales, phyſiques, politiques, doivent être des hommes dignes de quelqu'eſtime. On verra comme j'ai été traité dans celle qui me concernoit.

Pour en avoir une connoiſſance légale, j'en avois demandé communication à M. de la Luzerne lui-même, comme d'une pièce eſſentielle à ma juſtification. Il m'a ré-pondu qu'*elle ne ſe trouvoit pas dans ſes Bureaux*.

La pièce de ce genre, qui probablement ne ſe trouve pas dans ſes Bureaux, c'eſt celle qui auroit concerné M. de la Luzerne lui-même, & conſtaté l'opinion publique, univerſelle, de la Colonie, ſur le *caractere*, les *talens*, les *vues*, la *probité* de cet Adminiſtrateur ; & le bien, & le mal produit par ſon Adminiſtration ; mais comme malheureuſement il n'y a pas eu d'intervalle entre la ceſſation de ſon *gou-vernement*, & ſon inſtallation *au miniſtere*, on peut croire qu'il a diſpenſé la Chambre d'Agriculture de lui préſenter à lui-même le tableau de l'impreſſion qui étoit reſtée dans la Colonie de ce Gouvernement.

D

Il ne fit ni l'un ni l'autre : & pour tirer la Colonie autant que moi de l'anxiété où nous languiſſions, je me déterminai à venir en perſonne éclairer le Miniſtre ou le Conſeil. Je n'abandonnai point au mépris des Loix Militaires, un Commandement où les circonſtances critiques auroient dû me retenir, ſuivant M. de la Luzerne : je pris le parti préciſément que me dictoient, que néceſſitoient les circonſtances. Après avoir remis à des Officiers-Généraux déſignés par leurs grades, par leurs emplois pour me ſuppléer, ſi j'étois tombé malade, l'exercice (paſſager, à ce que je croyois) de l'autorité Militaire qui n'étoit qu'une portion de l'autorité de mon emploi, je vins diſcuter en perſonne, à Verſailles, & les obſtacles qu'éprouvoit l'autre portion de cet emploi dans le *Civil*, de la part de l'homme qui devoit le plus ſe faire un honneur, ainſi qu'un devoir de m'y ſeconder, & les moyens de tracer ſûrement, ſoit à nous, ſoit à nos Succeſſeurs, le nouveau chemin où les circonſtances critiques nous obligeoient à l'avenir de marcher.

Tout pouvoit changer autour de moi comme en France. Mes inſtructions ne me preſcrivoient rien ſur cet avenir poſſible, ſur cette variation probable. Pouvois-je, devois-je, ſur des nouveautés que chaque minute pouvoit produire, attendre des inſtructions nouvelles qui auroient exigé, entre la demande & la réponſe, une courſe de 3000 lieues, un intervalle de deux ou trois mois, qui par conſéquent auroient été vieilles, caduques, hors d'uſage à leur arrivée?

On m'avoit par exemple, à mon départ, preſcrit de tout faire pour empêcher les *aſſemblées coloniales*. Il étoit devenu évident ſur *les lieux*, & même à Verſailles, que les empêcher étoit impoſſible ; qu'il falloit même, *par politique*, & pour ſe conſerver la faculté de les diriger vers le bien, les favoriſer. Les meilleurs citoyens de la Colonie, les plus éclairés en étoient convaincus ainſi que moi. De concert avec eux, & entr'autres avec MM. *Faure de Luſſac* & de *Ronſeray*, j'avois dreſſé un plan d'organiſation qui, s'il avoit pu être agréé à Verſailles, je ne crains pas de l'affirmer, auroit été reçu avec tranſport à Saint-Domingue ; une paix profonde, une ſécurité inaltérable régneroient aujourd'hui dans cette fuperbe Colonie. Ce pays fi différent du nôtre n'auroit pas avec celui-ci la funefte reffemblance d'être de même troublé par des factions, agité par des cabales, hélas, faut-il le dire, enfanglanté par des maffacres, commis fur qui & par quelles mains ! L'embarras de difcerner de 1500 lieues quel eft l'innocent, quel eft le coupable, n'ajouteroit pas à tous ceux dont l'affemblée Nationale eft déjà fi furchargée.

Un autre article auffi effentiel, & peut-être encore plus preffant; c'étoit l'état des fortifications de Saint-Domingue, & de tout ce qui étoit relatif à la défenfe de cette île en cas de guerre. Je fuis fâché, mais je fuis obligé de dire que M. de la Luzerne avoit laiffé tomber dans un dépériffement abfolu tous les ouvrages, qu'il avoit laiffé dans un dénuement abfolu tous les magafins : une économie, puérile fi elle n'avoit pas été dangereufe, l'avoit féduit.

Depuis mon arrivée, juftement allarmé de cette dégradation, de cette détreffe, j'avois propofé d'y fuppléer. Un des points les plus intéreffans à couvrir, c'étoit la pointe de la prefque île du Mole de Saint-Nicolas : j'avois eu l'idée d'y conftruire une redoute, & une batterie jugée indifpenfablement néceffaires par tous les gens de l'art. J'aurois pu y faire travailler fi l'Intendant y avoit confenti. Barré par lui fur ce projet utile, comme fur le refte, je l'avois propofé par mes dépêches (1) : le Miniftre en reconnoiffant l'utilité de cet ou - vrage, l'avoit renvoyé à un autre temps, parce que le devis montoit à 133000 livres.

La ftrangurie qui affligeoit dès-lors le tréfor public pouvoit fervir de prétexte à cette mefquinerie ; il falloit bien venir ici pour en faire fentir le péril au Miniftre, ou l'en faire rougir, & le convaincre que cette épargne apparente n'étoit que la plus perfide, la plus funefte des profufions. Pour épargner une fomme imperceptible (que la Colonie d'ailleurs devoit fournir) on l'expofoit à fe voir ravagée entière & perdue.

____

(1) Voyez les Pieces Juftificatives.

En venant ici provoquer, faciliter, donner les moyens de rédiger avec fageffe, de déterminer avec certitude des ordres néceffaires, je crus remplir un devoir indifpenfable ; je cru donner au Roi, à la Nation françaife, à la Colonie, une preuve d'attachement, de dévouement en me faifant moi-même le courier du Miniftre, en lui portant moi-même des lumieres que des lettres n'auroient pu tranfmettre qu'imparfaitement, en prévenant ainfi les lenteurs, en allant au-devant des incertitudes.

J'en avertis M. de la Luzerne par une lettre qui fe trouvera aux pieces juftificatives, ainfi qu'une partie de celles qui auroient du l'éclairer fur mon compte ; je partis le 10 Juillet. Je n'ai pas revu Saint-Domingue : mon vaiffeau croifa fur les mers celui qui portoit dans cette ifle ma deftitution & mon fucceffeur. En touchant en France j'appris que j'étois jugé, condamné, caffé, difgracié à Verfailles.

Les larmes des *Colons* avoient arrofé mon bord quand ils s'y étoient féparés de moi : les miennes coulerent fur la dépêche qui m'apprit que je ne pouvois plus les fervir, qu'ils étoient livrés déformais fans défenfe au defpotifme d'un Intendant ulceré, aux furprifes d'un Miniftres aveuglé. J'entrevis tous les maux que cette fituation ne pouvoit manquer de produire, & les effets n'ont que trop juftifié mon preffentiment.

Puisse l'Affemblée Nationale prendre des mefures capables de prévenir les malheurs que je fuis forcé de prévoir ! J'ofe bien répondre qu'elle fera fecondée par l'attachement fincere, par l'amour invariable des Colons pour la Métropole. Je leur dois le témoignage que fi quelquefois il leur eft échappé des murmures, c'eft l'Adminiftration, jamais la France, qui en a été l'objet. Puiffent donc fe refferrer les liens entre une mere fi refpeétable, & une fille fi précieufe ! C'eft le plus ardent de mes vœux, après celui de voir la Nation convaincue de mon innocence.

PIECES JUSTIFICATIVES.

N°. I.

LETTRE de M. Duchilleau à M. de la Luzerne.

4 Septembre 1789.

MONSIEUR LE COMTE,

ON m'a demandé ce matin, au nom de MM. les Députés de Saint-Domingue, les états juftificatifs de mon ordonnance du 27 Mai : je n'ai point voulu les donner fans votre aveu ; j'ai auffi l'honneur de vous prévenir qu'il m'a paru que l'on demanderoit à l'Affemblée Nationale de m'ordonner de les communiquer.

Nous voici donc en guerre, Monfieur le Comte ; c'eft bien contre mon gré. . . . . Vous m'avez fait un crime aux yeux de Sa Majefté , & vis-à-vis du Public, d'être parti de Saint-Domingue, *avant d'être relevé.* Vous regrettez donc , Monfieur le Comte, que ma préfence, au moment de mon rappel, n'ait pas ajouté au triomphe de M. de Marbois ; daignez vous faire rendre compte de mes Lettres, Numéros 102, 118, & celles en date du 25 Août ; les motifs de mon retour en France y font énoncés, & le juftifient.

Ne fuis-je pas affez puni par la difgrace du Roi, par la caffation de toutes les opérations de mon Adminiftration ; par vos refus à toutes mes demandes, par le dérangement que caufent à mes affaires, les 80 mille livres que l'honneur d'avoir été Gouverneur de Saint - Domingue, pendant . 6 mois & demi, me coûte? Pourquoi y ajouteriez-vous un reproche qui n'eft pas fondé ?

J'écrivis, il y a trois jours, à M. le Duc de Richelieu, pour le prier de demander au Roi la permiffion d'adreffer directement à Sa Majefté un Mémoire juftificatif de mon Adminiftration ; ce Gentilhomme de la Chambre m'a refufé de fe charger de ma demande ; je prends la liberté de vous prier vous-même, Monfieur le Comte, de mettre fous les yeux du Roi mes defirs de me juftifier des torts que vous avez pu m'imputer. Voulant confacrer le refte de ma vie au fervice de Sa Majefté, il m'importe effentiellement qu'il ne lui refte pas d'impreffion défavorable contre moi.

N°. II.

EXTRAIT *de la Réponse de M. de la Luzerne.*

Versailles, le 6 Septembre 1789.

Je ne me regarde point du tout, Monsieur le Marquis, comme en guerre avec vous.......

Vous pouvez assurément communiquer à MM. les Députés de Saint-Domingue, les états justificatifs de votre ordonnance du 27 Mai, & toutes les autres pièces qu'il désireront. Je leur en ferai moi-même expédier copie, s'ils me le demandent. ......

Le Roi n'a cassé & annullé votre Ordonnance, enregistrée le 27 Mai, qu'en ce qu'elle autorisoit l'importation du biscuit & des farines étrangeres, dans tous les Ports d'Amirauté, & qu'elle permettoit l'exportation à l'Etranger des denrées Coloniales qui pourroient être données en paiement, il a d'ailleurs été ordonné que *lesdits comestibles continueroient à être introduits jusques au terme que vous aviez fixé vous-même par les trois Ports d'entrepôt*; mais on a recommandé aux Administrateurs, que dans les Ordonnances provisoires que les circonstances pourroient leur faire rendre sur de tels objets, ils ne s'écartassent jamais des dispositions contenues dans la Lettre que le Ministre de la Marine leur a écrite de la part du Roi le 13 Novembre 1784.

Je pourrois vous ajouter qu'on a eu soin que cet Arrêt de cassation *rendu principalement POUR L'EXEMPLE*, & pour empêcher désormais les Administrateurs d'outrepasser leurs pouvoirs, *n'arrivât pas à Saint-Domingue avant le premier Octobre.*

Votre Lettre en date de Nantes, & du 25 Août, par laquelle vous me demandiez s'il vous seroit permis *de vous présenter devant le Roi*, a été portée au Conseil d'Etat le 28 du même mois. J'ai été chargé de vous mander que S. M. désapprouvoit que vous eussiez quitté spontanément, dans des circonstances critiques, le Gouvernement qui vous étoit confié, sans congé ou permission quelconque, *& ne permettoit pas que vous vous présentassiez devant Elle.*

Dans la Lettre que vous m'avez écrite en mer, & que vous avez finie après avoir débarqué à Nantes, vous me dites qu'il est d'une nécessité indispensable que le Roi rende, sans aucun délai, une Ordonnance qui prolonge jusqu'au premier Janvier l'introduction des farines étrangeres à Saint-Domingue; qu'un *Aviso* soit expédié sur-le-champ à la Nouvelle-Angleterre, pour y faire connoître ces dispositions, vous m'annoncez que M. l'Intendant de Saint-Domingue ne sera point de cet avis, mais vous ne m'envoyez aucune piece à l'appui du vôtre.

Il seroit cependant très-important, très-utile pour la Colonie & pour le Commerce national, que je sçusse *sur quelle base est fondée votre opinion* (1). ......

____

(1) Je supplie mes Juges d'observer que mes Lettres journalieres au Ministre étoient autant de pieces justificatives de cette opinion. Ainsi, le Ministre qui venoit de me faire casser, *pour l'exemple*, ne les avoit pas lues, & il regardoit comme une *opinion* des actes légaux dont il venoit de proscrire l'auteur, sans savoir de quoi il s'agissoit.

N°. III.

LETTRE de M. Duchilleau à M. de la Luzerne.

Du Port-au-Prince, le 9 Mai 1789.

MONSEIGNEUR,

Vous ferez étonné du compte que je vais avoir l'honneur de vous rendre; je l'ai été moi-même du projet qui y a donné lieu. J'ai réfléchi fur les fuites de fon exécution. J'ai lu les inftructions qui m'ont été données ; rién n'a pu m'arrêter. Animé du defir du bien, j'ai cédé à fon impulfion.

La partie du Sud, d'où j'arrive, eft l'objet dont il eft queftion. Sufceptible d'être portée à un degré de fplendeur égal à celui des parties du Nord & de l'Oueft, il ne lui manque que des Nègres pour y atteindre. Le Commerce de France ne peut ou ne veut point lui en fournir; il l'a toujours négligée, malgré même une prime de deux cens livres par tête, qui lui eft accordée par l'Arrêt du Confeil, en date du 25 Septembre 1786, dont l'expiration aura lieu le premier du mois d'Août prochain. Cet encouragement n'a produit que de foibles effets. Il eft entré aux Cayes, depuis que cette prime a lieu, 11,629 têtes de Nègres, qui ont à peine remplacé les pertes; & il a été payé par le Roi pour la prime de 100 & 200, 3,294,300 livres tournois.

Cette partie du Sud eft abfolument fans argent, parce que de celui qui fe paye au Bureau de l'Octroi, pour l'exportation des denrées coloniales, il n'y en refte pas un huitième, & parce que le Commerce exige que fes cargaifons n'y foient vendues qu'en argent, ou à 25 & 30 pour cent plus cher, s'il eft payé en denrées.

Le fucre n'y eft point beau, ou il l'eft moins que celui des parties de l'Oueft & du Nord, parce que les atteliers y font très-foibles. Cette partie enfin eft comme enchaînée par une gêne & une mifère inconcevables.

Le fol renferme cependant dans fon fein des matières auffi riches que la terre des autres quartiers. En le cultivant, il deviendra infiniment plus peuplé, plus productif. Le Commerce doit fentir que fon plus grand intérêt demande que les habitations de la partie du Sud, foient portées à leur plus grande valeur, & qu'il quadruplera alors fes armemens actuels.

Pour opérer, Monfeigneur, ces avantages, il n'étoit queftion que de procurer des Noirs à cette partie du Sud. Le commerce national ne voulant ou ne pouvant pas venir à fon fecours, j'ai cru devoir inviter les Etrangers à y fuppléer : une introduction générale m'a paru le feul parti à prendre, & je me fuis décidé à la permettre pour cinq ans.

Pour la rendre aussi fructueuse que je le desire, il m'a fallu permettre aussi que ces Noirs seroient payés en denrées coloniales; de cette manière ils reviendront aux Habitans du Sud à 1,500 livres au plus.

J'ai prévu encore que l'introduction de ces Négres par les Etrangers, décideroit le commerce de France à ne rien importer dans cette partie; aussi ai-je permis l'importation par tous les Etrangers de tous les comestibles & salaisons qui lui serc   nécessaires pendant cinq ans. J'ai enfin permis un commerce libre dans cette partie pendant cinq années. Je joins ici l'Ordonnance que j'ai rendue seul, pour cette introduction, après avoir invité inutilement M. de Marbois, à se réunir à moi pour la rendre en commun. Le Conseil l'a enregistrée, d'après le bien qu'il a jugé qu'elle devoit opérer. En effet, Monseigneur, vous y verrez,

1o. Que je fais rentrer une somme considérable au Roi, par ses droits qui seront perçus pour ses denrées importées ou exportées.

2o. Que je vais faire fertiliser la partie du Sud, en tirer de son sein des richesses immenses.

3o. Que ses Habitans vont être assimilés à ceux des parties de l'Ouest & du Nord; que leurs fortunes augmenteront; qu'ils sortiront de cet état misérable, dans lequel ils sont comme abandonnés; se libéreront, & acquéreront en même temps de l'aisance & leur tranquillité.

4o. Que je vais préparer au Commerce national les moyens de s'étendre dans cette partie, & de se remplir des sommes qu'elle peut lui devoir. Je suis persuadé qu'il le verra comme moi; mais occupé du moment, il va murmurer & se plaindre, quoique les deux parties les plus opulentes de Saint-Domingue, soient exclusivement réservées à ses spéculations.

D'après toutes ces vues, dois-je craindre la justice de Sa Majesté. Aurois-je le malheur de m'attirer sa disgrace, pour avoir en quelque sorte exécuté ce qu'elle auroit fait elle-même, si, comme moi, elle étoit aussi pénétrée du bon effet du parti que j'ai pris (1).

Signé, DU CHILLEAU.

N°. I V.

EXTRAIT des Registres du Conseil supérieur de Saint-Domingue.

11 Mai 1789.

VU par la Cour la Remontrance du Procureur-Général du Roi, contenant qu'il lui a été adressé par M. le Gouverneur-Général, une Ordonnance concernant la liberté

---

(1) La fin de cette Lettre se trouve dans le texte du Mémoire, pag. 12 , ci-devant.

du commerce pour la partie du Sud, avec demande expreſſe, de ſa part, d'en requérir l'enregiſtrement, quoique cette Ordonnance ne ſoit ſignée que de lui ſeul, ſans l'être de M. l'Intendant.

A ces cauſe, requiert le Procureur-Général, que vu ladite Ordonnance, ... Ouï le rapport de M. Fougeron, Conſeiller-Doyen, & tout conſidéré;

La Cour ordonne que ladite Ordonnance ſera enregiſtrée au Greffe d'icelle, pour être exécutée ſelon ſa forme & teneur, imprimée, publiée & affichée par-tout où beſoin ſera; & copies collationnées d'icelle envoyées, &c.

Donné au Port-au-Prince, en Conſeil, le onze Mai mil ſept cent quatre-vingt-neuf. *Signé*, FOUGERON & DE MARBOIS.

Collationné. Signé, BONVALET.

ET DE SUITE a été, par la Cour, arrêté qu'il ſeroit rendu compte au Miniſtre & Secrétaire d'Etat de Sa Majeſté, ayant le Département de la Marine, que, quoique l'Ordonnance à l'enregiſtrement de laquelle elle vient de procéder, lui ait ſemblé porter une atteinte momentanée aux diſpoſitions des Lettres patentes de mil ſept cent vingt-ſept, ſur le fait du commerce étranger; néanmoins la nature des circonſtances & les conſidérations puiſſantes *des avantages infinis qui en réſultent pour toute la partie du Sud de cette Colonie,* avantages déjà depuis long-temps auſſi ardemment réclamés, que vivement ſentis, ont déterminé le Conſeil à ſe porter audit enre-giſtrement, & à ſupplier Sa Majeſté de vouloir bien donner une Sanction définitive, tant à ladite Ordonnance qu'à ſon Arrêt d'enregiſtrement. Ordonne qu'expédition du préſent Arrêté ſera envoyée au Miniſtre - Secrétaire d'Etat ayant le Département de la Marine, & que pareille expédition ſera remiſe à MM. les Adminiſtrateurs.

Collationné. Signé, BONVALLET.

Nᵒ. V.

COPIE de la Lettre de M. Daugy, *Secrétaire-Adjoint de la Chambre d'Agriculture du Cap, à M. le Marquis Duchilleau, en date du 7 Juin 1789.*

MONSIEUR,

La voilà cette couronne civique que la Chambre d'Agriculture du Cap vous a décerné par acclamation dans la ſéance du cinq de ce mois: nous vous prions, Monſieur, de vouloir bien l'agréer, & trouver bon que nous y joignons copie de notre lettre au Miniſtre de la Marine.

Nous ſommes avec reſpect, &c.

E

EXTRAIT des Regiſtres de la Chambre d'Agriculture du Cap, *Séance
du 5 Juin 1789.*

CE jourd'hui cinq Juin mil ſept cent quatre-vingt neuf, la Chambre, aſſemblée au lieu ordinaire, s'eſt fait donner lecture de l'Ordonnance rendue par Meſſieurs les Général & Intendant, le neuf Mai dernier, Concernant la liberté de Commerce, pour la patrie du Sud de Saint-Domingue, *ſignée* de M. le Général ſeul,
enregiſtrée au greffe de l'Intendance & au Conſeil, & imprimée dans le N°. 29
des affiches coloniales du Cap.

Cette lecture faite, & après en avoir murement délibéré, la chambre a pris
en conſidération que cette Ordonnance dont la partie du Sud ſemble ſeule recueil-
lir le fruit, eſt néanmoins du plus heureux préſage pour la Colonie entière, en
ce qu'elle fait connoître le génie bienfaiſant de M. le Gouverneur Général, &
annonce les changements & améliorations que les trois dépendances de Saint-Domingue peuvent attendre d'une adminiſtration ſi fermement dirigée vers le bien
public.

Que M. le Général n'a pû manquer de prévoir les cris & les plaintes des Commerçans de la Métropole, toujours bornés dans leurs calculs; fermans les yeux ſur
l'avenir pour ne voir que l'intérêt du moment, demandant ſans ceſſe pour eux
la liberté, qui fait fleurir le Commerce, tandis qu'ils ne ceſſent d'obſéder le
Gouvernement par la réclamation illimitée, injuſte, opiniâtre, & malheureuſement trop puiſſante, de leur privilège excluſif : que peut-être encore, dans la
circonſtance, M. le Général a preſſenti que les clameurs du Commerce recevroient
de ſa Colonie même un moyen d'appuy, réſultant du défaut de concours des
deux Adminiſtrateurs pour cette ſage, ferme & ſalutaire opération.

Qu'ainſi M. le Général, s'élevant noblement au deſſus des vues étroites & per-
ſonnelles, n'a ſuivi que l'inſpiration de ſon ame bienfaiſante, & ſes grandes vues
de ſoulagement particulier & d'amélioration générale, en venant ſi courageuſement
au ſecours de la partie du Sud, la plus malheureuſe de la Colonie.

Qu'il eſt donc vrai de dire que l'envie de faire le bien, tient lieu d'expérience
à ceux qui gouvernent, puiſque M. le Général, arrivant à Saint-Domingue, y
a ſi promptement découvert, *dans une première tournée les beſoins & les reſ-
ſources de la dépendance du Sud;* puiſqu'il ne lui a fallu, pour ainſi dire, qu'un
coup d'œil pour diſcerner & adopter ſur le champ avec tant de juſteſſe le ſeul moyen
d'y étendre les cultures, & d'y faire naître la proſpérité à laquelle elle eſt ap-
appellée par la nature, mais dont le Commerce national l'auroit toujours éloignée
par l'inſupportable abus de ſon privilège excluſif & par le droit qu'il prétend s'ar-
roger d'interdire les ſecours qu'il eſt hors d'état de procurer. Que M. le Général

a montré en même-tems un génie vaste en annonçant, comme il l'a fait, que, fi
l'exécution de fon Ordonnance paroiffoit porter un préjudice momentané au Commerce de la Métropole, elle lui feroit néanmoins d'un grand avantage , en ce qu'elle
lui préparoit des bénéfices certains , immenfes & peu éloignés , que fa propre conduite
étouffoit dans leur germe ; qu'il a fallu le courage & la prévoyante fagacité de M. le
Général pour braver comme il l'a fait , les clameurs actuelles d'un corps puiffamment
protégé , & n'attendre que du tems, qui éclaircit tout, la feu e récompenfe qui
foit digne de lui : les bénédictions de l'induftrieux cultivateur , & le jufte tribut
de reconnoiffance que le Commerce lui-même s'empreffera de lui offrir.

Qu'enfin, par la plus heureufe de toutes les combinaifons, parce qu'elle eft la
plus fage, M. le Général a fçu concilier des intérêts que l'homme d'état, l'adminiftrateur éclairé ne divife jamais , celui du fifc , en préparant pour un avenir
prochain des rétributions plus étendues, celui d'une partie de la Colonie, par l'accroiffement de denrées préticufes que doit néceffairement y produire l'introduction
moins couteufe d'un plus grand nombre de moyens de culture, quoique pendant
un tems limité.

Qu'effectivement , en affurant à la partie du Sud la concurrence des étrangers
pour la fourniture des Nègres, des farines & des autres objets de première néceffité , dont le Commerce national *a toujours dédaigné de la pourvoir*, malgré les
facrifices du Gouvernement , M. le Général a garanti l'intérêt du tréfor , en affurant le payement des droits ordinaires d'importation & d'exportation , & a néanmoins modéré convenablement les nouveaux impôts établis fur quelques articles
d'importation qui devroient en être abfolument déchargés : que de même il a pris
les précautions les plus récherchées & les plus rigoureufes pour que cette concurrence ne fut pas abufive, & pour qu'elle ne s'étendit pas aux deux autres parties de
la Colonie à qui elle feroit avantageufe fans doute , mais qui peuvent s'en paffer
abfolument parlant.

Que M. le Général a encore fait éclater fa profonde fageffe , en ne donnant
d'exécution à fon Ordonnance du neuf Mai dernier , qu'à compter du jour où
doivent ceffer les primes d'encouragement, par lefquelles le Roi avoit vainement
effayé de faire vivifier la partie du Sud avec l'appas d'un double gain préfenté au
Commerce , & en bornant cette exécution à un terme dont la durée eft néceffaire,
mais fuffifante à fes vues de bienfaifance & d'amélioration.

Que la partie du nord doit même en reffentir l'heureux effet , foit parce que cette
ordonnance fera probablement ceffer ces accaparemens continuels de Nègres & de
denrées faits au Cap pour le bas de la côte, par des fpéculateurs avides, qui re-
pandent ici la cherté au milieu de l'abondance ; foit parce que la profpérité croif-
fante d'une partie de la Colonie doit reftner muturellement fur-tout le refte.

Que d'ailleurs cette opération tutelaire, où l'on eft affligé de ne pas voir la figna-

ture de M. l'Intendant , annonce que c'eſt principalement & peut-être *uniquement*
à M. le Général , que la Colonie entière (menacée d'une difette par le froid ex-
ceſſif du dernier hiver dans les provinces du Continent) eſt rédevable de la permiſſion accordée & renouvellée pour l'importation des farines anglaiſes , & que c'eſt
auſſi M. le Général qui feul a voulu rémedier à la rareté toujours croiſſante du
numéraire en permettant aux étrangers d'employer le produit de leur farines en
denrées coloniales.

Que ces témoignages éclatans de la courageuſe bienfaiſance de M. le Général ,
femblent faire refpirer à toute la Colonie l'air pur d'un beau jour prêt à éclore :
que les Colons des trois dépendances , & notamment ceux de la partie du Nord ,
fe portent de cœur & d'affection vers cet *Adminiſtrateur citoyen* (1) , & s'attendent à
reſſentir à leur tour les heureux effets de fes rares & précieuſes qualités , dans les
occaſions qui les intéreſſeront directement.

Dans ces circonſtances & par ces conſidérations , la Chambre a jugé à propos
d'arrêter ,

Premiérement , que M. le Marquis Duchilleau , Gouverneur Lieutenant-Général
de Saint-Domingue , fera prié de vouloir bien agréer la préfente délibération comme
l'expreſſion de la Colonie , l'hommage de la reconoiſſance , de l'amour & du confolant
efpoir qu'infpirent aux Colons les deux derniers actes de fa bienfaiſante adminiſtration.

Secondement , que le Miniſtre de la Marine fera inſtamment fupplié de vouloir
bien folliciter auprès de fa Majeſté , la confirmation de l'Ordonnance rendue par M. le
Général , le neuf Mai dernier , & de prendre fingulièrement en conſidération que
le fort des Nègres efclaves , employés dans la Colonie à la culture des terres ,
ne peut que s'améliorer fenſiblement par l'augmentation de leur nombre ; toute efpèce de fardeau étant en raifon inverfe du nombre de ceux qui le fupportent.

Troiſièmement , que par le Secrétaire de la Chambre , ou en fon abfence , par
le Secrétaire adjoint , expédition de la préfente , fera addreſſée à Meſſieurs les Adminiſtrateurs *en commun* , à M. le Gouverneur-Général en *particulier* , & à la
Chambre d'Agriculture du Port-au-Prince.

Quatrièmement , que pareille expédition en fera adreſſée au Miniſtre du Département , & à MM. les Propriétaires d'habitations réfidans en France , réunis à Paris
en Comité Colonial.

Cinquièmement , & enfin , que communication en fera donnée aux Habitans de
cette dépendance du Nord , & à toute réquiſition.

FAIT & arrêté les jour , mois & an fufdit , en la Chambre d'Agriculture du Cap ,

---

(1) Qu'il me foit permis d'obferver l a datte de cette énergique apologie de mon Adminiſtration , de cette épithete honorable , & de m'en glorifier , malgré la foudre miniſtérielle qui a
eſſayé de la flétrir.

où étoient MM. de Cockburn, de la Combe, & du Petit-Thouars, Chevaliers de l'Ordre Royal & Militaire de Saint-Louis ; Odelucq & Millot; (MM. Belin-Villeneuve & Barré de Saint-Venant, étant en France par congé) Laborie, Secrétaire; & moi d'Augy, Secrétaire-Adjoint, tenant la plume : & MM. ont signé avec moi, ainsi signé au regiſtre, Cockburn; de la Combe; du Petit-Thouars; Odelucq ; Millot; Laborie, Secrétaire; & d'Augy, Secrétaire-Adjoint.

N° VI.

Copie de la Lettre de la Chambre au Miniſtre de la Marine.

MONSEIGNEUR,

« La Chambre d'Agriculture du Cap, a l'honneur de mettre ſous vos yeux
» l'arrêté qu'elle a jugé convenable de prendre le cinq de ce mois. Vous connoiſſez,
» Monſeigneur, la Colonie & ſes beſoins, & vous verrez comme elle, que les plans
» de M. le Marquis Duchilleau renferment le quadruple avantage d'étendre les
» cultures, de ſoulager les eſclaves, d'aſſurer la ſubſiſtance publique, par l'intro-
» duction des farines & autres comeſtibles, fourni par l'Etranger, & d'arrêter
» l'exportation du numéraire

» Cette opération ſalutaire devroit ſe renouveller à des époques fixes, autant pour
» le ſoulagement de la Colonie, que pour l'avantage même du commerce de la
» Métropole, qui ne peut que gagner à ſe relâcher de tems à autres de ſon
» privilège excluſif.

» Nous vous ſupplions donc, Monſeigneur, de vouloir bien ſolliciter, auprès de
» Sa Majeſté, la confirmation de l'Ordonnance, rendue le 9 du mois dernier, par
» M. le Gouverneur-Général.

» *Signé*, les Membres d'Agriculture du Cap ».

N° VII.

Copie de la Lettre de M. Duchilleau à M. de la Luzerne.

Du 28 Mars 1789.

MONSEIGNEUR,

Les nouvelles affligeantes que nous avons reçues, celles qui nous arrivent journellement ſur la rigueur de l'hyver qui a régné en France, ſur la perte totale des

récoltes, fur les befoins de la Métropole, fur ceux que nous ferions dans le cas
d'éprouver. dans cette Colonie, m'ont fait chercher les moyens de les prévenir,
& d'affurer ici la fubfiftance jufqu'à la récolte prochaine, d'une manière qui augmente
le moins poffible la fituation déjà fâcheufe des Habitans par les effets de l'ouragan
dernier.

En m'entretenant avec M. DE MARBOIS fur cet objet important, je lui fis
connaître que mon intention étoit de permettre pour un temps, l'introduction dans la
Colonie, de la farine étrangère ainfi que du bifcuit, tant par les Nationaux que
par les Américains; moyen qui me paraiffoit le plus convenable, & le feul qui pût
le mieux remplir mes vues. M. DE MARBOIS voyoit ainfi que moi, à cer-
tains.égards; il penfoit tirer des fecours de la Nouvelle Angleterre, mais les moyens
qu'il propofoit pour les faire venir n'étaient pas les miens.

Il vouloit d'abord expédier trois Frégates pour l'Amérique du Nord, à l'effet
d'y aller faire un chargement de farine & de bifcuit, pour, à leur retour, les verfer
dans les magafins de la Colonie, & être vendus aux particuliers.

Mais diftraire de la Station ces trois Bâtimens, c'étoit prefque découvrir nos
Ports, & affurer au Commerce interlope le fuccès de ces fpéculations, auxquelles
il n'auroit pas manqué de donner plus d'activité. Nous allons même envoyer dans le
mois prochain à Terre-neuve, conformément à vos ordres, une Frégate & un
Avifo.

Outre ces motifs, il n'auroit réfulté des chargemens apportés par les Frégates qu'une importation de cinq ou fix mille barils de farine au plus, fecours très-
foibles en raifon de nos befoins, d'ailleurs il ne m'a pas paru convenable que l'adminiftration en fît la vente. Que le Roi vienne au fecours de fes Sujets c'eft très-louable,
qu'il leur faffe part de ce qu'il a ici & qu'il avoit deftiné pour fa confommation, c'eft
digne de fa Majefté. Mais qu'elle faffe acheter des farines pour les revendre;
cette démarche toute pure qu'elle peut être, le public la couvriroit d'un fcupçon
qu'on doit éviter. Il peut fe commettre une infinité d'abus par les prépofés, on
peut convertir de bonnes farines & de bon bifcuit en de très-mauvais qu'on payera toujours au prix fixé pour les bonnes qualités, & fur lefquelles on n'oferoit peut-être
point réclamer. Ces fortes de ventes faites pour le Roi, ont fouvent produit de
pareils effets dans différentes Colonies.

Tous ces motifs ayant prévalu, M. DE MARBOIS m'a propofé de donner
des permiffions à divers négocians, pour remplir cet objet. Mais ennemi de tout
privilége qui tend à l'exclufion, je n'ai pu encore me décider à prendre ce
parti.

Les *privilèges exclufifs font des remèdes pires que les maux qu'on veut guérir.*
Ceux qui les obtiennent, ceux qui les font obtenir, font les feules perfonnes à l'a-
vantage de qui ils tournent. Il femble d'abord que ces privilèges vont adoucir le mal,

mais on ne tarde pas à s'appercevoir qu'ils l'aggravent par les abus qu'ils entraînent.

Ces obfervations ayant encore été fenties, M. DE MARBOIS m'a enfin pro-pofé d'attendre huit jours avant d'exécuter mon projet, dans l'idée de recevoir des nouvelles plus fatisfaifantes. Je me fuis rendu à fes défirs en lui remettant cepen-dant fous les yeux que les malheurs de la Métropole n'étoient que trop certains, que ceux dont nous étions menacés fe réaliferoient fans doute, fi nous ne prenions pas un parti décifif pour les prévenir, que la farine fe vendait le premier Mars 70 liv., & qu'on la vendoit aujourd'hui 140 liv., que le bifcuit fe vendoit auffi le premier Mars 60 livres, & aujourd'hui 80 livres, que les Habitans des quartiers qui ont fouffert de l'ouragan du mois d'Août, manquent de vivres pour leurs Nègres, & que s'ils ne peuvent pas avoir de bifcuit pour les nourrir, ils courront rifque de les perdre.

M. DE MARBOIS agité d'un côté par mes obfervations, & d'un autre par fon opinion fur l'envoi des Frégates, ou les permiffions à accorder, s'eft rendu, mais difficilement, à feconder mes vues, & nous permettrons le 3 d'Avril, époque de l'expiration du délai de huit jours, tant aux Français qu'aux Américains, d'intro-duire dans la Colonie de la farine & du bifcuit jufqu'au premier Juillet exclufive-ment, fans aucune condition ni réferve; & en attendant, comme les magafins de la Colonie & de la Marine contiennent maintenant des vivres pour cinq mois, qu'un courroit le rifque d'en perdre une grande partie par le défaut de confommation, il ne peut réfulter aucun inconvénient d'en diftribuer au public au moins la moi-tié, qu'il payera en argent à raifon de cent livres le baril de farine, & dont la livrai-fon commencera le 2 d'Avril. De cette manière nous éviterons que des négocians ou des accapareurs en s'emparant des comeftibles qui font dans la Colonie, ne pro-fitent d'une circonftance malheureufe pour les porter à des prix exorbitans; & au moyen de la permiffion générale d'en importer, nous introduirons néceffairement bientôt ici l'abondance.

Cette introduction, cette abondance, ne pourront point nuire au commerce national, ni à la confervation des productions de cette nature de la Métropole, puifqu'elle en manque elle-même, & que pour s'en procurer elle accorde une prime, afin d'encourager les négocians à l'alimenter; le Commerce ne peut donc point prétendre de fournir à la Colonie.

Mais on pourra obferver peut-être que la permiffion a trop d'extention, & qu'on auroit dû n'y point comprendre les Américains. Tout au contraire. J'ai mûrement réfléchi cette admiffion. Mon but eft de donner des fecours à la Co-lonie, & fes befoins étant urgents, les moyens les plus prompts & les plus ef-ficaces m'ont paru ceux que je devois faifir; fans quoi accorder des permiffions, ou accorder l'introduction de la farine & du bifcuit par les feuls Négocians de Saint-Domingue, c'eût été à-peu-près la même chofe. Trois ou quatre négo-cians dans chaque partie de la Colonie, auroient pu fe mettre à même de remplir les vues du Gouvernement. Mais il leur auroit été très-aiſé de ſe concilier, & les effets de leur opération n'auroient tourné qu'à leur avantage. En permettant donc aux Américains de concourir à cette introduction; c'eſt en même-tems introduire l'abondance ſans nuire au Négociant ni au Conſommateur.

M. de Marbois vous écrira, ſans doute, particulierement ſur cet objet. Peut-être qu'il vous expoſera des motifs, qu'il aura voulu me laiſſer ignorer, ou bien ceux qui n'ont pu me perſuader. Mais dans tous les cas, MONSEIGNEUR, je penſe *que les vivres ne ſauroient être trop près des hommes qui doivent les con-ſommer;* que les Colons ne doivent pas toujours attendre leur ſubſiſtance uniquement des Négocians de la Métropole. Enfin dans les malheurs qui affligent maintenant la France, j'ai cru qu'il devoit réſulter le plus grand bien du parti que j'ai pris, & que j'oſe me flatter que vous voudrez approuver.

N°. VIII.

LETTRE de M. le Marquis du Chilleau à M. le Comte de la Luzerne.

Du 2 Avril 1789.

MONSEIGNEUR,

J'ai eu l'honneur de vous rendre compte par ma dépêche, en date du 28 du mois dernier, n°. 35, des nouvelles fâcheuſes que nous avions reçues ſur les malheurs qui affligeoient la France; de mes craintes ſur les effets qu'ils pourroient produire ici; de mon intention de permettre l'introduction de la farine étrangere & des moyens que je devois mettre en uſage pour cet effet : des obſervations de M. de Marbois, de mes réponſes, & enfin de la permiſſion qui devoit être donnée pour cet introduction, à commencer du 3 de ce mois.

Vous aurez vu, Monſeigneur, par cette lettre, que nos opinions différoient, non pas préciſément ſur la ſituation de la Métropole, ſur la diſette dont nous étions menacés ici, ſur la néceſſité d'introduire de la farine étrangere, mais ſeulement ſur les moyens d'opérer cette introduction.....

L'introduction de la farine étrangere va donc avoir lieu par les Nationaux dans les lieux des ſieges d'amirauté, & par les Américains, dans les trois ſeuls ports d'entrepôts.

Cette permiſſion générale eſt une des grandes ſollicitudes de M. de Marbois. Il auroit voulu lui donner moins d'extention : envoyer des frégates à la nou-velle Angleterre, pour y chercher des farines & les verſer dans les magaſins où elles auroient été vendues. Ce moyen n'étant pas admiſſible, M. de Marbois a

. propoſé

propofé de renfermer dans les mains de quelques Négocians la fubfiftance néceffaire à cette Colonie.

Il auroit aufli défiré ouvrir les trois feuls ports d'entrepôts ; mais c'étoit encore jetter l'abondance dans ces lieux principaux où elle regne plus qu'ailleurs,
& laiffer dans la mifere & l'abandon le refte des habitans de la Colonie.

Peut-on fe diffimuler que les Négocians des villes d'entrepôts ne fe fuffent pas
emparés des farines qui y feroient débarquées : peut-on croire de bonne-foi qu'ils
les auroient fait paffer enfuite, par la voie du cabotage, au fort Dauphin, au
Port-de-Paix, à Saint-Marc, au Petit Goave, à Jérémie, Jacmel, Saint-Louis,
afin de les y vendre à un prix un peu plus haut feulement que dans les villes
du Cap, du Port-au-Prince & des Cayes. Il ne faut point s'abufer à cet égard.
Ils auroient allégué les frais de cabotage, qui en effet font très-coûteux, ceux
de chargement, de déchargement, les rifques, &c., & ils auroient porté la farine à un prix confidérable. Dans aucun pays du monde, l'intérêt n'eft plus actif
qu'à Saint-Domingue ; tout y eft foumis à l'égoïfme le plus outré.

Pourquoi ne pas traiter les fujets de *Sa Majefté* tous également : pourquoi ne
pas procurer aux habitans d'un quartier la même facilité de fubfifter qu'à ceux
d'un autre. Cette maniere de voir a bien fes inconviens ; & à Dieu ne plaife que
je veuille jetter le plus léger foupçon fur qui que ce foit, mais les permiffions
particulieres, les priviléges exclufifs, ont toujours pour bafe des motifs dange-
reux : ils font propofés par des agens payés pour cela, qui fous des frivoles prétextes, & animés difent-ils, de l'amour du bien, n'ont réellement pour objet
que leur intérêt.

Craindra-t-on de nuire au commerce de la Métropole ? Cette Métropole n'a
point de farines pour pourvoir fes Colonies, puifqu'elle en manque pour elle-
même, puifqu'elle accorde une prime aux farines étrangeres. Le Commerce auroit
donc tort de fe plaindre.

Craindra-t-on de verfer dans la Colonie une quantité de farines furabondante ?
Dans l'état de mifere en vivres, tant pour les negres que pour les blancs, où
va fe trouver inceffamment la Colonie, cette furabondance ne pourra pas avoir
lieu ; nous avons au moins huit mois à courir avant de recevoir des farines
de France.

Mais, dira-t-on, en verfant dans la Colonie des farines étrangeres, on aura
la liberté d'y jetter aufli d'autres objets non permis. La liberté, non. Je ne pourrois point répondre qu'il ne fe gliffe quelqu'abus : ce qu'il y a de bien certain,
c'eft que je vais donner les ordres les plus précis aux Commandans pour le Roi,
afin qu'il ne s'en commette pas, & que je ferois inflexible fi par leur négligence
il s'en introduifoit.

Une lettre de M. le Maréchal de Caftries, en date du 13 Novembre 1784,

F

autorife l'introduction étrangere d'objets de premiere néceffité , par des permiffions générales , & jamais de particulieres , après en avoir conftaté le befoin : Elle prefcrit des difpofitions auxquelles je me fuis conformé. Le befoin du Port-au-Prince , eft prouvé par le Procès-verbal de vifite cotté F (1) : Le Cap , les Cayes ne font pas mieux pourvus que le Port-au-Prince : J'en ai la certitude J'aurai l'honneur de vous adreffer les procès-verbaux par le premier navire.

A défaut de Chambre de Commerce , j'ai affemblé chez moi tous les Négocians ; j'ai confulté le Confeil , les officiers de l'état-major. La farine a monté en 15 jours à 150 livres le baril : le bruit général l'annonçoit à 200 livres. Le public fe plaignoit ; j'ai voulu calmer fes allarmes : je lui avois annoncé des farines étrangeres , j'ai cru devoir lui tenir parole. L'ouragan du mois d'Août , & la féchereffe qui a fuivi ce premier fléau & qui regne encore , ont détruit la plus grande partie des vivres de la Colonie. J'ai regardé comme la premiere de mes obligations d'y fuppléer autant qu'il feroit en moi , & j'ai cru concilier l'intérêt du Roi avec celui de la Colonie , & celui du commerce national , en prenant les mefures dont je viens de vous rendre compte.

Tels font , Monfeigneur , les motifs qui m'ont déterminé. M. de Marbois a été à plufieurs égards d'opinions contraires. S'il a figné la lettre que j'ai écrite à nos Repréfentans ; s'il a rédigé l'Ordonnance qui étoit néceffaire , c'eft contre fon gré ; je lui dois cette vérité. J'ai cru que les moyens qu il propofoit n'étoit pas admiffibles & que le parti que j'ai pris étoit le feul convenable à la circonftance. Je défire que vous l'approuviez & que vous daignez mettre fous les yeux du Roi , ma détermination. Je dois avoir l'honneur de vous obferver qu'en pareille circonftance MM. Dargout & de Vaivres , prirent le 20 Juillet 1778 le même parti.

Nᵒ IX.

LETTRE de M. Duchilleau à M. de la Luzerne.

Du 26 Mai 1789.

MONSEIGNEUR ,

TANT que M. DE MARBOIS s'eft borné à contrarier mes vues d'utilité , je ne vous ai point porté contre lui des plaintes graves , mais je vous le dénonce aujourd'hui comme paroiffant avoir formé le projet le plus formel d'une infubordination

---

(1) Envoyé à M. le Comte de la Luzerne.

publique. J'ai eu l'honneur de vous rendre compte, par ma Dépêche, N°. 36 , des motifs qui m'avoient déterminé à promulguer une Ordonnance pour l'introduction des farines étrangères ; l'expérience en a démontré l'utilité ; fans cette mefure la Colonie eût manqué totalement de farine pendant dix ou douze jours , & il eft notoire que la petite quantité qui en a été importée jufqu'à préfent par les étrangers , le peu que l'on doit en efpérer de France avant le mois de Décembre , nécefliçent la prorogation de cette même Ordonnance du 31 Mars. Il n'eft pas moins certain qu'il y a très - peu de numéraire à Saint — Domingue , & que fi on continuoit à payer en argent la farine néceflaire des étrangers , ce peu de numéraire exiftant feroit enlevé. Cette alternative de manquer de vivres ou d'argent m'a paru trop fâcheufe pour ne pas employer le feul moyen qui puiffe y remédier. En conféquence j'ai permis le paiement de la farine étrangère , en denrées Coloniales , avec les précautions convenables pour qu'il ne puiffe pas en être exporté par les étrangers au-delà de la valeur de leur farine importée. M. DE MARBOIS , conformément à fon ufage, a été d'un avis contraire au mien ; & fans égard à ce que les Ordonnances , nos inftruċtions communes , lui prefcrivent de déférer à mon opinion lorfque nous penfons différemment , il s'eft abfolument refufé à figner l'Ordonnance dont j'ai l'honneur de vous addreffer quatre exemplaires. Je ne doute pas , Monfeigneur , que cette répétition d'infurreċtion de la part de M. l'Intendant ne vous paroiffe très-condamnable, & je vous demande avec inftance de prononcer le plutôt poffible fon rappel , ou le mien. J'infifte avec force fur le mien , fi j'éprouve le malheur qu'une feule de mes opérations foit défaprouvée par le Roi & par vous, parce que je ne pourrois plus fervir à Saint-Domingue avec utilité.

N°. X.

E X T R A I T d'une Lettre de M. Duchilleau à M. de la Luzerne, relative à une grande partie de fes opérations.

Du 13 Juin 1787.

MONSEIGNEUR,

Mon opinion ne varie point fur la néceflité qu'un Adminiftrateur voyage, connoiffe les Habitans , & s'inftruife des intérêts de tous les quartiers. J'ai eu l'honneur de vous rendre compte que je pars à la fin du mois prochain pour faire ma revue d'infpeċtion de toutes le Milices des parties de l'Oueft & du Nord dans chacune des paroiffes; que je ferai auffi cele du Régiment du Cap ; que je ferai de retour au Port-au-Prince le 23 d'Août pour folemnifer la Fête du Roi, & que je pafferai la revue du Régiment

F 2

du Port-au-Prince le 31 du même mois. Je préfume, Monfieur, que peu de jours après, je faurai par vous-même, fi je fuis affez heureux pour que le Roi ait approuvé la conduite que j'ai tenu à Saint-Domingue. J'ai l'efpoir que vous n'aurez pas négligé d'obferver à Sa Majefté; 1°. que j'ai fu appaifer la fermentation qui exiftoit à Saint-Domingue lors de mon arrivée. 2°. Qu'en me refufant à admettre des requêtes en pourfuite de réunion, j'ai préfervé la Colonie des abus les plus condamnables. 3°. Que l'introduction des farines étrangères l'a garantie d'une difette affreufe.

4°. Que j'ai conquis au Roi au milieu de la paix, une Province entière, en accordant la liberté de Commerce à la partie du Sud.

5°. Que j'ai acquitté une dette facrée de Sa Majefté en diftribuant à cent-quarante-fept Allemands une habitation de deux cens carreaux.

6°. Qu'en ordonnant que M. de Vincent habite le Gouvernement du Cap, & M. de Célaron la maifon que le Roi a au Fort Dauphin, je n'ai fait que remettre les chofes dans leur ordre naturel.

7°. Qu'en défendant que trois cens cinquante travailleurs des deux Régimens employés à la confection des chemins payaffent leurs fervices à leur garnifon; j'ai économifé dix mille francs par mois au Roi.

8°. Tel eft, Monfeigneur, le tableau de mes opérations principales jufqu'à ce moment. Je compte en faire deux autres dans ce mois; l'une, pour arrêter les fripponneries, les défordres commis par les arpenteurs; l'autre, pour faire ceffer les abus & la multitude des affranchiffemens. C'eft aujourd'hui (comme de votre temps) uniquement une affaire d'argent. Le defir du bien, j'ofe le dire, Monfeigneur, a feul dirigé tout ce que j'ai fait, & continuera à diriger ce que je ferai. Si je fuis défapprouvé fur un feul point, je ne jouirai plus à Saint-Domingue de la confidération qu'un Gouverneur doit y avoir, & je cefferois alors de pouvoir y fervir utilement. Dans ce cas, j'ai l'honneur de vous prier, Monfeigneur, de demander au Roi de m'employer par-tout ailleurs, & la permiffion que je repaffe en France. Dans le cas même où je ferois affez heureux d'avoir l'approbation du Roi & la vôtre fur tout ce que j'ai fait à Saint-Domingue, je vous fupplie de trouver bon que j'en parte à la fin de Septembre, fi M. de Marbois y refte. Rien dans le monde feroit capable de me faire fervir avec lui, dans quelque lieu que ce fût.

N°. X I.

LETTRE de M. Duchilleau à M. de la Luzerne, relative à la distribution de l'habitation du Roi, en faveur des ALLEMANDS de BOMBARDE.

Du 12 Mai 1789.

MONSEIGNEUR,

Une nouvelle différence d'opinion entre M. de Marbois & moi, m'oblige à vous rendre particulièrement compte d'une affaire qui n'auroit pas dû souffrir la plus petite difficulté.

Le Roi a une habitation dans la dépendance du Môle, quartier des Citronniers, de la contenance de deux cents carreaux de terre, & qui est affermée aujourd'hui 2200 livres, argent de Colonie. Etant au Cap, dans le mois de Mars dernier, je proposai à M. de Marbois de la distribuer aux familles Allemandes les plus pauvres qui se trouvent établies dans ce quartier. Il y consentit *verbalement....* A mon passage à Bombarde je fis de concert avec le Commandant, le Curé de la Paroisse & quatre des plus Notables qui me furent désignés unanimement par tous les autres, la répartition de ce terrain, conformément à l'état ci-joint, n°. 1.

De retour au Port-au-Prince, je le communiquai à M. de Marbois, qui en conséquence de mon opération, écrivit de concert avec moi, à M. de Vincent, la lettre commune, n°. 2.

Il ne devoit plus être question pour délivrer les titres de concessions de ces différens terrains que d'attendre le résultat du travail de M. de Vincent. Comme il exigeoit du temps, & que j'avois projetté de faire ma tournée dans la partie du Sud, je partis sans terminer cette affaire que je devois regarder comme finie.

Mais, quel fut mon étonnement lorsque le 28 Avril, je reçus aux Cayes la lettre de M. de Marbois, n°. 3.

J'y fis la réponse, n° 4.

Et j'écrivis à M. de Vincent, la lettre n°. 5. Aussi-tôt que cet Ingénieur m'aura fait parvenir le procès-verbal d'arpentage, je me propose de délivrer seul, les titres nécessaires à ces Allemands pour leur assurer provisoirement ces petites propriétés, si M. de Marbois persiste dans son refus de se réunir à moi pour cet acte de justice & de bienfaisance.

Vous paroîtra-t-il vraisemblable, Monseigneur, que l'Intendant se soit conduit de la manière qu'il l'a fait dans cette occasion ? Il convient de l'utilité & de la bonté de la chose ; il opère & fait opérer en conséquence, & lorsque cette bonne œuvre tend à sa fin , il veut l'éloigner , peut-être même la faire manquer , sur de frivoles prétextes qui n'auront sûrement pas votre approbation.

N'est-il pas vrai , en effet , que cette conduite de sa part ne devoit pas être celle d'un Adminiſtrateur diſpenſateur des graces de Sa Majeſté ? Devoit-il me porter à une première démarche , si telles étoient ses intentions ? Je vous l'avouerai , j'en ai été vivement affecté , d'autant que le don de ce terrain remplit pluſieurs vues vraiment méritoires.

Il acquitte d'abord une dette ſacrée de Sa Majeſté envers ces Allemands ; car il ne paroît pas naturel qu'Elle les ait appellés dans ſes Etats pour ne point leur y donner les moyens d'y vivre. 2°. Il fait auſſi le bonheur de vingt-trois familles formant cent quarante-ſept perſonnes. Il vous auroit fallu , Monſeigneur , être témoin de la joie de tous ces individus , lorſque je leur annonçai aux uns & aux autres deux, trois, quatre , &c. carreaux de terre ; vous auriez été auſſi touché que je le fus moi-même de leur ſatisfaction , & cet inſtant me ſera toujours cher. — Figurez-vous un père de quatre , cinq , ſix enfans, ſe trouver heureux avec ſi peu de terre , & me témoigner de la manière la plus forte toute ſa ſenſibilité.

Daignez , Monſeigneur , faire approuver mon opération par Sa Majeſté ; je ne vous diſſimulerai point que je me détermine à la conſommer *ſeul* , parce que je crains que quelque perſonne conſidérable ne vous forçât la main, peut-être , & n'enlevât cette propriété à une Peuplade véritablement intéreſſante par ſes mœurs & par ſa détreſſe. Le quartier de Bombarde où ils ſont tous raſſemblés , leur convient parfaitement ; les en tirer pour les tranſplanter ailleurs , c'auroit été les ſortir une deuxiéme fois d'une ſeconde patrie , & un plus grand don dans tout autre quartier n'auroit pas eu à leurs yeux le même prix de celui qu'ils vont recevoir à Bombarde. Je me plais , en vérité , à vous parler de ces bonnes gens ; & je me félicite de tout mon cœur , de pouvoir contribuer à améliorer leur ſort.

J'ai l'honneur de vous obſerver que le Roi perd , il eſt vrai , une modique ſomme de 2200 livres ; mais que dans trois ans il la quadruplera par les droits que produiront les revenus qui ſe feront ſur ce terrain. Or, Sa Majeſté a acquitté une dette ; Elle fait le bonheur de cent quarante-ſept perſonnes ; Elle augmentera le revenu qu'Elle recevoit de cette Habitation ; combien d'avantages réunis !

Permettez-moi donc encore , Monſeigneur , de vouloir bien mettre ſous les yeux du Roi les motifs qui me déterminent à accorder ſeul à ces pauvres Allemands une conceſſion que je devrois donner en commun avec M. l'Intendant , & d'engager S. Majeſté à approuver une œuvre équitable , bienfaiſante , digne de ſon cœur , & de celui du Miniſtre qui la lui propoſera.

Sûrement, on vous fera entrevoir la petite perte momentanée qu'elle fera ſupporter au Roi ; mais je me crois certain qu'aux yeux de Sa Majeſté & aux vôtres , elle n'entrera pas en paralléle avec tous les avantages qui réſulteront de cette opération.

N°. X I I.

LETTRE de M. Duchilleau à M. de la Luzerne , fur les réunions.

Du 6 Mars 1789.

MONSEIGNEUR,

JE dois vous rendre compte que , d'après les motifs que je vais avoir l'honneur de vous expofer , j'ai cru qu'il ne devoit plus être prononcé de réunion de *terreins au Domaine du Roi.*

Je ne difcuterai point , ni les avantages , ni les inconvéniens qui ont réfulté de celles qui ont eu lieu jufqu'à cette époque; mais je vois aujourd'hui qu'il manque du bois dans différentes parties de la Colonie, que la température qui y régnoit avant de découvrir fon fol au point qu'il l'eft, s'eft changé en une fechéreffe, contraire & à ce même fol, & aux perfonnes qui l'habitent; que les terres en café perdent confidérablement, à mefure qu'elles font cultivées & qu'elles vieilliffent; qu'il eft précieux pour l'habitant d'avoir des bois debout, où il puiffe faire de nouveaux établiffemens, lorfque les terres qu'il cultive ne feront plus en état de le nourrir; qu'il n'eft pas moins précieux pour le Roi de perpétuer fa Colonie, qu'en la cultivant en entier, c'eft provoquer fa perte ; qu'il eft affligeant pour un propriétaire de fe voir enlever fa propriété qu'il a fouvent acquife, ou qui eft là récompenfe de fes fervices ; que dans les craintes & les alarmes, il fe hâte de prendre des Nègres à crédit pour travailler fon bien; qu'il les achéte à des prix exhorbitans, qu'il ne peut payer, & qu'enfin la Loi le condamne à la perte de fa liberté ; de là il réfulte qu'il ne peut plus veiller à fes affaires, que tout languit chez lui, & qu'un entier dépériffement le ruine & le plonge dans un affreufe mifére.

Je ne parlerai pas des abus qui fe font pratiqués fous votre adminiftration même, Monfeigneur , ils font frémir.

Toutes ces confidérations, celles fur-tout de la difette du bois dans la Colonie, & le défordre dans lequel les réunions des terreins plonge les familles, m'ont décidé à les fufpendre.

J'ai fait part à **M.** de Marbois de mon opinion fur cet objet : il vous fera fans doute connoître la fienne ; mais différerion -nous à cet égard, d'après ce que j'ai eu l'honneur de vous expofer , qui eft l'effet des renfeignemens que j'ai pris, & des mûres réflexions que j'ai faites; j'ai cru qu'il devoit réfulter un bien, & pour le Roi & pour fes Sujets, du parti que j'ai pris.

Je fuis , &c.

N°. XIII.

*EXTRAIT d'une Lettre de M. Duchilleau à M. de la Luzerne.
Artillerie négligée ; projet de redoute.*

MONSEIGNEUR,

J'arrive d'une tournée que je viens de faire dans la partie du Nord, qui a duré trente-quatre jours.

J'ai trouvé presque par-tout les ſorts, les batteries, magaſins d'artillerie, les affuts & autres effets, dans le plus grand déſordre, ſuite d'une économie mal—entendue, qui a ſupprimé quelques gardiens, ou payé trop meſquinement ceux conſervés, & épargné quelques couches de peinture ſur les affuts, qui les auroient mis à l'abri de la pourriture.

Le Môle de Saint-Nicolas m'a paru le point plus important de la Colonie, & la Pointe de la preſqu'Iſle ſi eſſentielle à la défenſe du Môle, que je regarde comme indiſpenſable de faire une redoute & une batterie, non pas telles qu'elles ont été propoſées. Tous les plans qui ont été faits juſqu'à préſent, m'ont paru exiger trop de Troupes pour leur défenſe, mais de reſtraindre la redoute à pouvoir être défendue par cent cinquante hommes, & la batterie avec cinquante. Les Anglois regrettent encore de ne s'être pas emparés du Môle Saint-Nicolas, au commencement de la dernière guerre, nous ne devons pas nous expoſer à ce qu'ils réparent leur faute à la première. J'aurai l'honneur de vous envoyer inceſſamment un plan & un devis de ces ouvrages.

Perſuadé que vous les approuverez, je ferai commencer tout-à-l'heure à préparer les matériaux, afin de mettre la main à l'œuvre auſſi-tôt la reception de vos ordres. J'aurai auſſi l'honneur de vous envoyer un état des dépenſes annuelles à faire pour l'entretien des *ouvrages de fortification*, de leurs *bâtimens*, & des *effets d'artillerie*. La ſomme fixée, je vous prierai avec inſtance d'ordonner qu'elle y ſoit employée ſans pouvoir en être détournée; lorſque l'économie de M. l'Intendant m'aura mis dans le cas de ne pouvoir pas défendre la Colonie, ce n'eſt pas à lui qu'on en attribuera la faute, mais au Gouverneur, & je n'ai point deſiré de l'être de Saint-Domingue, pour m'y déshonorer....

Je dois vous remettre ſous les yeux, Monſeigneur, que le Môle Saint-Nicolas eſt la clef de Saint-Domingue, que les Anglais s'en emparant, toute communication par mer, entre l'Oueſt & le Nord, ſeroit interceptée. Je ne vous tairai pas non plus, que j'ai vu avec douleur ce point ſi intéreſſant de la Colonie livré à l'abandon, il

n'y

n'y reſte nul commerce, aucun moyen aux Habitans d'y ſubſiſter, auſſi la moitié de ceux qui y reſtent ſont réduits à la miſère la plus extrême.

J'ai vu encore une infinité d'autres objets qui ont beſoin d'être réparés. Sur le tout j'ai ordonné proviſoirement ce qu'il convenoit pour remettre l'ord e & les choſes dans le meilleur état. L'économie qui a été introduite dans certaines parties, a été plutôt nuiſible qu'avantageuſe; en ne ſpéculant pas ſur de petites dépenſes, on en auroit prévenu de conſidérables, & le temps ſeul peut faire connoître cette vérité.

J'ai communiqué à M. de Marbois toutes mes obſervations, & lui ai fait part de mes diſpoſitions.

Je ſuis, &c.

Pour Copie conforme à l'original, DUCHILLEAU.

Nᵒ. X I V.

EXTRAIT d'une Lettre de M. le Marquis du Chilleau à M. de la Luzerne.

Du 20 Juin 1789.

MONSEIGNEUR,

LA réſiſtance de M. de Marbois ſur chacune de mes opérations, malgré leur utilité & les avantages inappréciables qui en réſultent déja, ou qui en réſulteront, ne me laiſſe aucun doute de ſes efforts pour les dépriſer; & la voix publique, les comptes que j'ai eu l'honneur de vous rendre pouvant être inſuffiſans pour empêcher leur effet, je prends le parti d'aller plaider moi-même ma cauſe, ou plutôt celle de la Colonie, & celle de l'intérêt du Roi: je partirai pour France du 10 au 15 de Juillet, je déſire, Monſieur, que vous ne déſapprouviez pas cette démarche.

La défenſe de tout ce que j'ai fait, n'eſt pas le ſeul motif qui m'y engage, l'Aſſemblée Coloniale, que vous vous propoſez de former au mois de Novembre, en eſt un autre très-puiſſant. L'intention du Roi, la vôtre, ſont ſûrement de la compoſer de la manière la plus analogue à la diſpoſition des eſprits, afin qu'elle s'empreſſe à concourir aux vues de ſa Majeſté. Une élection libre de tous ſes membres, Monſeigneur, en eſt le moyen le plus certain. Si vous y ajoutez le rétabliſſement du Conſeil ſupérieur du Cap, la création d'un troiſième Conſeil aux Cayes & les autres graces dont j'ai eu l'honneur de vous parler dans ma lettre nᵒ. 74, tous les ordres du Roi ſeront accueillis unanimement, & avec acclamation.

G

Des volumes de lettres ne vous convaincroient pas, Monseigneur, & deux conver-
sations suffiront, elles effaceront toutes les impressions fâcheuses, les faux systèmes
de M. de Marbois : j'ai déja eu l'honneur de vous mander qu'il *m'est impossible d'ad-
ministrer avec lui*, & *il le seroit encore plus de nous concerter à l'Assemblée Coloniale*;
si vous avez assez de confiance en moi pour me charger de la présider, je revien-
drai sur le champ à Saint-Domingue, & j'aurai la satisfaction d'y servir utilement
le Roi lorsque j'aurai reçu de nouveaux ordres de sa Majesté, les vôtres, & que
mon autorité ne sera plus contrariée continuellement : je confierai le commandement *par interim* à M. de Vincent, & M. de Coutard le remplacera au Cap.

N⁰. XV.

Lettre de M. Duchilleau à M. de la Luzerne.

Nantes, 23 Août 1789.

MONSEIGNEUR,

J'AI l'honneur de vous informer de mon arrivée en France ; je viens de débarquer à Nantes, après une traversée très-heureuse de 43 jours, sur le navire mar-
chand la Madame... Ma lettre, N°. 102, vous a instruit des motifs de mon
voyage ; il étoit tems de faire cesser le scandale de la mésintelligence qui a régné entre M. de Marbois & moi, depuis l'époque où j'ai prévenu, malgré lui,
la disette qui eût existé à Saint-Domingue. Les choses en étoient venues entre nous
au point qu'il falloit vous le renvoyer, Monseigneur, ou venir moi-même. Le premier parti pouvoit entraîner des inconvéniens pour la comptabilité, j'ai préféré
le second.

La proximité de l'Assemblée Coloniale, sa formation, les objets à y traiter, la
nécessité de mettre Saint-Domingue en état de défense, le maintien de l'Ordonnance qui accorde une liberté de Commerce pendant cinq ans à sa partie du
Sud, le rétablissement du Conseil Supérieur du Cap, la création d'un troisieme
Conseil aux Cayes, une nouvelle formation à donner à sa Maréchaussée, grand
nombre d'abus à réformer, sont tous des points essentiels dont la discussion par
lettres dureroit des années entieres, & il est nécessaire que le Roi prononce sur
chacun d'eux, de la maniere la plus propre à rétablir l'harmonie & le bonheur
des habitans de l'importante Colonie de Saint-Domingue.

Lorsque j'eus l'honneur de prendre congé de S. M., daignez vous en souvenir,
Monseigneur ; je pris l'engagement avec elle de faire chérir autant que respecter-

fon autorité ; la loi m'en étoit preſcrite par mes inſtructions particulieres ; je m'en fuis fans ceſſe occupé , & je l'ai fait avec ſuccès , malgré les contrariétés multipliées que j'ai éprouvé de M. de Marbois , dont les principes ſont diamétralement oppoſés aux miens ; par exemple , il ne coopérera ſûrement pas à prolonger l'introduction des farines étrangeres , & elle n'eſt permiſe que juſqu'au premier Octobre ; il en réſulte la néceſſité indiſpenſable , Monſeigneur , que vous engagiez le Roi à rendre fans aucun délai une Ordonnance qui l'autoriſe juſqu'au premier Janvier , époque avant laquelle la Colonie n'en recevra pas du Royaume , & que vous expédiez un *aviſo* à la Nouvelle-Angleterre , pour faire connoître cette Ordonnance de S. M. Je crois cette meſure ſi urgente , Monſeigneur , que vous vous rendriez perſonnellement reſponſable de la foule d'inconvéniens qui réſulteroient de la confiance que vous pourriez donner aux avis contraires ; le mien n'eſt dirigé que par le bien de l'Etat , & d'un grand Pays auquel je retournerai auſſi promptement que vous pourrez me le preſcrire , ſi mes opérations , ma maniere d'adminiſtrer , méritent l'approbation du Roi , la vôtre , & ſi je ne dois plus avoir M. de Marbois pour Collegue.

J'ai l'honneur de vous envoyer , Monſeigneur , une copie de l'inſtruction que j'ai donnée en partant à M. de Vincent , afin que vous puiſſiez empêcher l'exécution de ce que vous croirez devoir ſupprimer,

Signé , DUCHILLEAU.

Nᵒ XVI.

COPIE *de la Lettre de* M. *Duchillau à* M. *de la Luzerne.*

Du 24 Mai 1790.

M.

On me mande de Paris que vous travaillez à un Mémoire juſtificatif de la dénonciation faite à l'Aſſemblée Nationale le 25 du mois dernier , par M. de Gouy , au nom de ſes Commettans : la pureté de mon Adminiſtration à Saint-Domingue , les motifs qui en ont dirigé les opérations , & la Lettre dont vous m'aviez honoré le 6 Septembre 1789 , éloignent de moi tout ſoupçon des inquiétudes que l'on veut me donner ſur vos moyens de défenſe , pour ce qui me concerne. Mais , jaloux à l'excès de ma réputation , il m'eſt important de ſavoir avec préciſion ce que vous direz ſur mon compte ; & afin d'en être inſtruit plus ſûrement , je m'adreſſe à vous-

G 2

même , M. le Comte , je prends la liberté de vous prier de me faire envoyer , auffi-
tôt que votre Mémoire fera public , une copie exacte de ce qui m'y fera relatif.

Il eft bien malheureux que mes Lettres numérotées 24, 25, 28, 35, 36, 52,
53, 54, 74, 79, 102, des 23 & 29 Août, n'aient pas obtenu votre confiance.
M. le Comte, la France ne feroit pas menacée aujourd'hui de perdre fa Colonie
la plus précieufe, & vous nous auriez évité, à vous & à moi , de grandes peines.
Je vis cependant dans l'efpérance que les applaudiffemens unanimes de cette même
Colonie, fur la maniere dont je l'ai gouvernée, engageront le Roi à m'accorder un
témoignage de fa fatisfaction du zele avec lequel j'ai eu le courage de l'y fervir.

Nº XVII.

RÉPONSE de M. de la Luzerne à M. Duchillau.

On a fu m'impofer, Monfieur le Marquis, la tâche la plus pénible pour moi;
mais je la remplirai. *comme un homme d'honneur*, & comme vous femblez le de-
firer vous-même.

Contraint à rompre le filence, je ne puis trahir le Roi qui m'honore de fa confiance, les Miniftres qui ont opiné en fon Confeil, & moi – même, en taifant les
motifs qui ont influé fur les décifions de Sa Majefté.

Je ne m'étendrai affurément pas fur un fujet qu'il me répugne autant de traiter,
& je me bornerai à parler de deux faits : 1°. de l'Ordonnance que vous avez fait en-
regiftrer le 11 Mai 1789, au Confeil Supérieur de Saint-Domingue ; 2°. de votre
retour fpontané en France....

J'ai l'honneur , &c.

Nº. XVIII.

EXTRAIT des Regiftres & Minutes de la Chambre d'Agriculture du Cap.

Séance du 21 Septembre 1789.

AUJOURD'UI vingt-un feptembre mil fept cent quatre-vingt-neuf, la Chambre
extraordinairement affemblée (Meffieurs Belin-Ville-Neuve , & Barré de Saint-
Venant , Membre de la Chambre, de préfent en France , ainfi que M. Laborie
Secrétaire) a entendu la lecture & a arrêté l'envoi du Mémoire fuivant, où elle
rend compte au Miniftre Secrétaire d'Etat, ayant le Département de la Marine ,

& des Colonies , de l'adminiſtration de M. le Marquis Duchilleau , comme Gouverneur Lieutenant-Général de Saint-Domingue ; & un double de ce Mémoire , ſigné des Membres de la Chambre , eſt demeuré dépoſé dans ſes archives.

MONSEIGNEUR,

SA Majeſté, par l'article 14 de ſon Ordonnance du 24 Mars 1763, a impoſé une tâche auſſi délicate qu'épineuſe aux Chambres d'Agriculture de Saint-Domingue : « Toutes les fois , porte cet article , qu'un Gouverneur où Intendant mourra ou » quittera ſa place pour revenir en Europe , ſoit ſur ſa demande , ſoit qu'il ait » été rappellé , la Chambre d'Agriculture , ſera tenue d'envoyer au Secréaire d'Etat , » ayant le Département de la Marine , ſon avis , ſigné de ſes Membres , ſur » l'Adminiſtration du Gouverneur ou de l'Intendant qui ſera mort ou parti pour » l'Europe , & d'entrer dans le détail ſur ſon *caractère* , *ſes talens* , *ſes vues* , *ſa* » *probité* , & *le bien ou le mal qu'il aura produit durant le tems de ſon Admi-* » *niſtration* ».

La Chambre d'Agriculture du Cap , en rempliſſant cette auguſte miſſion , s'eſt ſouvent trouvée en but à des reſſentimens particuliers. Des perſonnes en place ont uſé de leur crédit pour donner , ſoit aux Miniſtres , ſoit aux Adminiſtrateurs , des im- preſſions défavorables contre elle , ou contre quelques-uns de ſes Membres : il fal- loit s'y attendre ; & la Chambre s'eſt peut-être montrée digne de l'éclatante con- fiance du Souverain en ſe mettant au-deſſus de toutes les conſidérations qui pouvoient ralentir ſon courage & ſa véracité. D'ailleurs l'avis qu'elle eſt chargée de donner dans les cas prévus par l'article dont elle vient de rapporter le texte eſt ſecret entre elle & le Miniſtre.

Ces réflexions préliminaires ſembleroient annoncer de la part de la Chambre un avis peu avantageux à M. le Marquis Duchilleau , en ce qui touche ſon Ad- miniſtration : il n'en eſt rien ; & nous n'éprouvons au contraire dans ce moment d'autre embarras que celui de nous défendre contre le reſpectueux attachement, la confiance générale , & les regrets univerſels qui ont accompagné cet Adminiſtra- teur juſqu'à bord du Vaiſſeau où il s'eſt embarqué , & qui font encore ſoupirer toute la Colonie après ſon retour. Mais ſi la Chambre a bravé des haines puiſſan- tes pour ne parler que le langage de la vérité , lorſqu'elle étoit auſſi dure à dire qu'à entendre , vous la jugerez digne de foi , Monſeigneur , dans le compte qu'elle vous rend de la trop courte Adminiſtration de M. le Marquis Duchilleau.

Nous ne nous attendions certainement pas à ſon départ précipité : la Chambre a cru devoir lui faire à ce ſujet , quelques repréſentations. Mais ſon parti étoit pris : & ſans doute , c'étoit l'impétueux élan de ſa ſollicitude paternelle pour les Colons de Saint-Domingue dont il voyoit les propriétés , la vie même menacée dans l'a-

venir , par les écrits incendiaires des foi - difants philantropes fur l'efclavage des Négres , & dans le moment , par les apparences de la plus affreufe difette. C'eft à
fes ordonnances pour l'introduction des farines étrangères que la Colonie eft rede-
vable de fon falut : il a très-bien fenti la grande différence qu'il y avoit entre , autorifer les Américains à ce genre d'importation, ou accorder des permiffions &
même avancer. l'argent du Tréfor aux Nationnaux, pour aller acheter des farines
chez les Américains.

Il a cru néceffaire de fe rendre dans l'Affemblée de la grande famille , pour
éclairer la Nation fur fes rapports avec la plus importante de fes Colonies, & porter aux pieds du Trône les prémices de fon Adminiftration , très-courte à la vérité,
mais étayée d'une tournée affez longue , qu'il avoit déjà faite en 1782 dans toutes les parties de la Colonie. Il en avoit étudié les reffources avec d'autant plus de
fuccès que le féjour qu'il venoit de faire dans les Ifles du Vent lui avoit fourni
des objets de comparaifon, & que par conféquent fes idées & fes obfervations re-
pofoient fur des bafes folides.

La Chambre avoit eu, Monfeigneur, le malheur de déplaire à M. le Marquis
Duchilleau à l'inftant de fon arrivée à Saint-Domingue. Il nous le témoigna dans
une lettre en réponfe à celle que nous lui adreffions, pour le féliciter de fon
avénement au Gouvernement de cette Colonie : il eft vrai que nous mettions en
même temps fous les yeux de MM. les Adminiftrateurs de vives inftances pour la
prompte convocation des Affemblées de Paroiffes, la nomination des Electeurs, &
le choix des Députés de Saint-Domingue aux Etats-Généraux. Ce vœu manifefté
par la Chambre, & univerfel dans la Colonie, contrarioit les inftructions miniftérielles
qu'apportoit le nouveau Gouverneur; & ce fut-là fans doute ce qui nous attira des
preuves de fon mécontentement. Nous ne rappellons cette circonftance que dans la
crainte qu'il n'ait été à ce fujet jetté quelques nuages fur la pureté des vues de la
Chambre.

Nous allons nous renfermer dans ce que nous prefcrit la Loi dans le compte à
rendre de l'Adminiftration de M. le Marquis Duchilleau, vous mettre fous les
yeux, Monfeigneur, *notre avis à fon fujet*, & entrer dans le détail fur *fon caractère,
fes talens , fes vues , fa probité , & le bien ou le mal produit pendant fon
Adminiftration.*

SON CARACTERE.

On ne peut guères déterminer le caractère d'une perfonne qu'en la fréquentant,
& la voyant pour ainfi dire dans toutes les actions de fa vie, fur-tout dans celles où
l'ame ne fait que des mouvemens naturels, & femble fe développer d'elle-même aux
yeux de l'obfervateur. Mais nous avons vu M. le Marquis Duchilleau comme homme
privé & comme général; & jamais il n'a démenti le caractère de bonté, de

loyauté & de nobleffe empreint fur fon heureufe phyfionomie, qui femble commander en même temps la confiance & le refpect. Acceffible, doux & honnête, il vouloit le bien, le vouloit fortement, & n'en accueilloit pas avec moins de bonté les Colons de toutes les claffes. Depuis long-temps le Cultivateur n'avoit reçu des témoignages auffi marqués, auffi confolans de bienveillance & de protection. Auffi les Propriétaires fe tenoient-ils conftamment relégués chez eux, & n'abordoient-ils qu'en tremblant & pour affaires plufieurs de fes prédéceffeurs. Mais l'affabilité, l'air du plus tendre intérêt qu'il témoignoit fans affectation à quiconque s'adreffoit à lui, faifoient chérir l'autorité dont il étoit revêtu, fans que jamais fon accueil populaire ait autorifé la familiarité : car on s'apperçevoit dès le premier inftant qu'il étoit très-fufceptible, & que tout ce qui bleffoit le maintien d'une fubordination néceffaire, l'affectoit & le bleffoit fenfiblement. Son obligeant accueil fembloit en même temps commander de ne point lui donner de jufte fujet de mécontentement.

Nous ne crâignons pas de le dire : les Adminiftrateurs ne fauroient trop voir, trop vifiter les Colons, trop communiquer avec eux : ils y puiferoient des connoiffances que le cabinet ne peut faire acquérir ; & ils fe garantiroient des fauffes préventions que ceux qui les entourent font fi intéreffés à entretenir.

Jettons un coup d'œil fur les actions de M. le Marquis Duchilleau : c'eft le plus fûr moyen de développer & de faire connoître fon caractère.

Lorfque le Régiment de Guyenne de quatre bataillons dont il étoit Colonel, fut dédoublé, il préféra le Régiment de Viennois qui en formoit le dédoublement, afin d'avoir occafion de fervir en Amérique. Il arriva en conféquence peu de temps avant la guerre, avec le premier bataillon de Viennois, à la Martinique, où le fecond bataillon fe trouvoit déjà rendu. Il fut employé à la prife de la Dominique, première opération de la guerre dans les Ifles du Vent. Il mit des premiers à terre avec fes Grenadiers, marcha à leur tête par des chemins très-dangereux par la réunion de plufieurs batteries qui les enfiloient. Il étoit près des principales défenfes de la place, quand l'Ifle capitula.

M. le Marquis de Bouillé le nomma dès ce moment Gouverneur de la Dominique ; & pendant tout le temps qu'il a occupé cette place, il s'y eft concilié l'amour & l'eftime des Français & des Anglais. Lorfque M. le Comte d'Eftaing parut dans les Ifles du Vent, M. le Marquis Duchilleau lui témoigna le plus ardent défir de le fuivre dans toutes fes expéditions ; mais le Général le jugea plus néceffaire dans le pofte important qu'on venoit de lui confier : c'étoit effectivement un fûr moyen de conferver la nouvelle conquête.

A l'arrivée de M. le Comte de Guichen aux Ifles du Vent en 1779, M. le Marquis de Bouillé ne put refufer à M. Duchilleau, de venir prendre part aux expéditions que l'on projettoit. Il lui fut permis de paffer à la Martinique, où il s'embarqua fur le vaiffeau le Citoyen, commandé par M. le Marquis de Nieul : il étoit au trois combats que notre Efcadre livra aux Anglais ; mais on ne put exécuter aucun débarquement.

De retour à la Martinique, M. le Marquis Duchilleau fut victime de son empreffement à retourner à fon Commandement de la Dominique : un mauvais batteau fur lequel il s'étoit embarqué fut retenu par les calmes, & dériva de manière à être obligé de relâcher au continent Efpagnol. On le crut perdu ; & ce Général, qu'on craignoit de ne plus revoir, ne put reparoître à la Dominique que deux ou trois mois après. Les tranfports de joie que fon retour y caufa le dédommagèrent des travaux & des fatigues qu'il venoit d'effuyer. Il a été depuis employé au fiége de Saint-Chriftophe.

Il s'embarqua en 1782 pour l'expédition que fit manquer la défaite du Comte de Graffe ; il continua fa route pour Saint-Domingue, où il eft refté quelque temps, qu'il a utilement employé à vifiter toutes les parties d'une Colonie dont il avoit fouvent entendu citer les grandes cultures.

S E S   T A L E N S.

Les détails dans lefquels nous venons d'entrer, la confiance des Généraux téls que Meffieurs le Comte d'Eftaing & le Marquis de Bouillé, des fervices récompenfés par un grade fupérieur, le cordon rouge reçu des mains du Roi, fa nomination enfin au Gouvernement de Saint-Domingue, tout dépofe de fes talens militaires. Il n'en a pas moins développé dans l'Adminiftration Civile de la Dominique, & de Saint-Domingue. Il vouloit le bien & l'amélioration de la Colonie avec ferveur. Ses deux Ordonnances fur l'introduction des étrangers ont été rejettées à Verfailles, mais juftifions-le : écoutons le manuel des Hommes d'Etat, l'Hiftorien *du Commerce des Européens dans le Nouveau Monde*, fur les moyens qu'il propofe (tome 7 , page 124) vingt ans avant l'avénement de M. le Marquis Duchilleau au Gouvernement de Saint-Domingue, pour l'amélioration & l'accroiffement des cultures dans la partie du Sud de cette Colonie : « Quel parti doit prendre le Gouvernement ? Celui d'ouvrir « pendant dix ou quinze ans cette portion de fa Colonie à tous les étrangers. Les « Anglais y porteront des Noirs ; les Hollandais feront des avances à un intérêt que « peuvent très-bien fupporter les cultures des terres du Nouveau Monde. Le fuccès « eft infaillible fi on fait des Loix qui donnent une folidité-convenable aux créances « des deux Nations.

« Les Ports de la Métropole s'élèveront d'abord avec violence contre cette innovation. Mais lorfque le monopôle leur fera rendu ; lorfqu'ils jouiront-exclufivement « de l'accroiffement immenfe que la navigation, les ventes, les achats auront reçu, « ils béniront la main courageufe qui aura préparé leur profpérité ».

S E S   V U E S.

Ses vues ont été dirigées vers le but de la profpérité Nationale & Coloniale, fans pour cela négliger les foulagemens particuliers ; touché de la mifère des Allemands, il avoit voulu leur partager le terrain du Roi au Môle Saint-Nicolas. Cet acte de bienfaisance a été contrarié par son Collègue, qui a préféré les 2000 livres de ferme que l'on retiroit de ce terrain, quoique le Fermier déclarât consentir à la résiliation de son bail. M. le Marquis Duchilleau a sans doute consigné ses vues d'améliorations générales & particulières dans les plans qu'il a fait passer en Cour, où il lui sera facile d'en prouver lui-même la justesse. Peut-être a-t-il un peu trop précipité le bien qu'il vouloit faire : ses Ordonnances pour l'introduct'on des Etrangers dans la partie des Cayes, Ordonnances rendues sans la participation de son Collègue, ont peut-être excédé les pouvoirs d'un Gouverneur-Lieutenant-Général de Saint-Domingue ; & sans doute il eût été à desirer que dans une matière aussi importante les deux Chefs eussent pu se concilier dans leur opinion. C'est ce qui seroit infailliblement arrivé, si Saint-Domingue avoit des Assemblées Coloniales où les Ordonnances projettées par ses Chefs fussent soumises à une discussion préalable où 'on ne doit pas douter que les intérêts de la Colonie ne fussent très-sagement combinés avec ceux de la Métropole dont ils sont effectivement inséparables.

SA PROBITÉ.

L'honneur le plus pur, la plus franche loyauté constituoient essentiellement le caractère de M. le Marquis Duchilleau. C'est à des ames de cette trempe qu'il faut appliquer ce mot, la vertu perd à se justifier.

BIEN, OU MAL, PRODUIT PENDANT SON ADMINISTRATION.

Du mal, aucun : quant au bien, son Administration a été trop courte pour laisser même des traces de celui qu'il a voulu faire. Au moins a-t-on vu cesser en sa présence le combat livré aux propriétés des Colons par cette multitude de poursuites en réunion au Domaine du Roi, qui viennent de reprendre leur cours avec moins d'activité qu'elles n'en avoient avant son avènement au Gouvernement de Saint-Domingue. Il y a long-temps que tout le monde sent que ces poursuites, utiles dans l'origine de l'établissement de la Colonie, sont funestes & contraires au bien général & particulier, dans le moment actuel, où les établissemens ne sont portés qu'avec trop d'activité, même dans les montagnes. On sent aussi que si ces poursuites sont justes, quoique rigoureuses, contre les Concessionnaires, elles sont vraiment odieuses quand elles sont dirigées contre les Propriétaires à titre onéreux.

D'après ces détails sur l'Administration de M. le Marquis Duchilleau, détails où la Chambre n'est que l'écho de la voix publique, on peut juger de la douleur, & de la consternation universelle de la Colonie, quand on a eu connoissance de son rappel. On avoit toujours pensé que le Gouverneur-Général de la plus importante Colonie du Nouveau-Monde, un Militaire recommandable par ses services, revêtu d'un grade

H

fupérieur, d'une décoration éclatante, ne devoit pas être expofé à une difgrace auffi complette, ne fut-ce au moins que pour maintenir parmi des peuples éloignés le ref-pect qu'ils font fi portés à fentir pour le Repréfentant de la Perfonne du Roi ; & comme fi cette difgrace avoit été le fignal de l'indécence , la Chambre a vu avec indignation qu'on fe foit fervi du tambour de l'Hôpital de la Providence du Cap , pour annoncer le rappel de M. le Marquis Duchilleau , & la nomination de M. le Comte de Peynier pour nouveau Gouverneur de la Colonie. Ce tambour n'eft ordinairement em-ployé qu'à la publication des ordonnances de police , pour la taxe journaliere du poids que doit avoir le pain d'un efcalin.

Au refte, fi nous devons des louanges à toutes les parties de l'Adminiftration de M. le Marquis Duchilleau , nous ne devons pas paffer fous filence une difpofition qui bleffe l'ordre établi par Sa Majefté , pour le maintien de la fûreté des Citoyens: c'eft d'avoir déféré le commandement de la Ville du Cap au Colonel du Régiment du Cap , & d'avoir ainfi confondu le gouvernement civil avec le gouvernement militaire ; cette faute qui , dans le moment actuel , ne tire point à conféquence par la grande fa-geffe de celui qui réunit des fonctions auffi oppofées , peut devenir funefte par la fuite , & compromettre la fûreté des Habitans.

Signé , CORKBURN , DU PETIT TOUART , DE LA COMBE , ODELUN , ST.-MILLOT , & D'AUGY , *Secrétaire-Adjoint*.

www.ingramcontent.com/pod-product-compliance
Lightning Source LLC
Chambersburg PA
CBHW061318060726

47596CB00003B/961